小说24美

俞汝捷／著

中国青年出版社

《小说24美》付梓，戏为四绝句　**俞汝捷**

《诗品》千秋味益醇，今从说部探奇珍，
颠狂欲辟新蹊径，羞向司空谒后尘。

万卷胸罗未患枯，典型塑造古今殊。
眼前世界花频换，快手拈来意自如。

忽道文场似戏场，鱼龙偕至费思量。
平生不习邯郸步，[1] 月旦须凭自主张。[2]

文章雅俗寸心知，腐调洋腔倒胃时。
造化由来无定格，行云流水亦吾师。

[1] 典出《庄子 · 秋水》。
[2] 月旦，品评之意，详《后汉书 · 许劭传》。

小说24美

XIAO SHUO ER SHI SI MEI

CONTENTS

小说24美

XIAO SHUO ER SHI SI MEI

目录

序

蒋孔阳

美是形象，而不是概念；美给我们带来的是一种精神上的怡悦和享受，而不是抽象的理论思考。我们读《红楼梦》，读一些著名的小说，谁不是全身心地沉浸在里面，如醉如痴，如蜜蜂般扑在花粉上面，而忘记了这是采粉酿蜜，忘记了其他的一切呢？

然而，虽然这样，如果我们能够对我们的审美享受进行一番反省和沉思，再用理论的光芒来照耀它一下，让它的美对我们来说，不仅是直观性的，而且是经过有意识的开掘和咀嚼的；不仅是印象式的，而且能够彻里彻外展示它全部的丰富性和多义性；这时，我们所能够欣赏和享受到的美，将会在数量上无限增加，并在质量上有所提高和升华。正因为这样，所以人类一方面不断地创造美，另一方面又不断地研究美。研究不是欣赏，但却有助于欣赏。因此，我们不仅要读小说，还要读有关小说的评论和研究。

俞汝捷同志喜欢读小说，他被小说之美迷住了。但他不满足于一般的品赏，浅尝辄止；他要探幽寻胜，探讨小说之美的秘密。我觉得他的探讨是有成绩的，至少对我来说，是有启发的。我读着他的稿子，跟着他的足迹，愈是读下去，愈是增加了对小说之美的理解，因而也就多多少少能够欣赏小说之美究竟美在什么地方了。他没有采取一般理论文章那种严格的逻辑思维的方式，而是侃侃而谈，娓娓动听。他的文笔清秀而又俊美，想象丰富而又生动，他的分析也比较切合实际。正因为这样，所以我愿以一个读者的身份，向读者们推荐这本书。

但是，人生是有限的，艺术是无涯的，任何一本著作都不可能穷究某一个问题的所有方面。汝捷同志的《小说 24 美》，自然也不能例外。我们可以从多方面去探讨小说之美，从艺术风格、人物塑造、它所反映的生活画面以及小说这一文学样式的特殊规律等等方面去探讨；汝捷同志则主要从艺术风格方面去探讨。他在他所探讨的范围内达到了预期的目的，这就难能可贵了。至于其他的方面，希望汝捷同志和其他有志于此的同志，继续去进行探讨。

1 雄浑之美

XIONG HUN ZHI MEI

在昔人眼中，“雄浑”作为一种风格，或一种美的表现形态，几乎是高不可攀的。《诗品臯解》曾说：“文中惟庄马，诗中惟李杜，足以当之。”范围是小得可怜了。西方美学中，有无“雄浑”这个概念，我不太清楚，只知道有个与它比较相近的范畴，叫做“崇高”（或叫“壮美”）。而按照康德的见解，艺术领域并不存在“崇高”；它，仅仅表现在自然界。

对于这两种说法，我都不敢苟同。以前一种而论，至少，它遗漏了词中的苏辛；忘却了李杜之前的屈原、李杜之后的陆游。以后一种而论，既然艺术是生活（包括自然界）的再现，生活中可以有崇高，艺术何以独无？纵览西欧文艺史，崇高的作品历历俱在，即拿康德自己举过的埃及金字塔和罗马圣彼得大教堂来说，不正是建筑艺术中的崇高例证吗？

不过话说回来，康德对于崇高现象的分析，仍有其精到之处。以前，我对雄浑或崇高的认识偏于感性，只是凭直觉知道：它与小巧玲珑的苏州园林无涉，它不属于淡妆浓抹的西子湖，它也不依傍奇秀的阳朔山水。泰山绝顶，黄山云海，八月十八的钱江潮，苍茫万里的古长城，这，才庶几当得起雄浑之称。可是，如果问我：前者与后者究竟有何区别，我还是不甚了然。

我感到疑难的问题，康德作出了回答。根据他的分析，崇高引起的感觉和通常所说的美感很不一样。它不是那种直接的单纯的快感，而是一种生命力暂时受到阻遏而后洋溢迸发的振奋感。崇高的事物以其巨大的威力常常显得很可怕，但又并不真正加害于人，所以结果在我们心中唤起的就不是恐惧，而是勇气和自豪。

我想，雄浑之美怕也就是这么回事。譬如曹操北讨乌桓，途经北戴河，亲见海上秋风萧瑟，洪波汹涌而起，这时他心中的感觉显然与花前月下油然而生的那种亲切、柔和的美感不同。这是一种被大自然的澎湃唤起的惊惧。然而他自身又很安全，海浪再大也不会冲到碣石山上将他卷走。于是惊惧之情便被雄浑之感所代替，眼前壮丽的海景化为笔底雄奇的文字：他写下了著名的《观沧海》。

许多抒情诗作如李白的《蜀道难》、苏轼的“大江东去”、萨都剌的“石头城上”乃至谭嗣同的《览武昌形胜》，恐怕也都是在一种由惊惧而自豪的心程中吟就的。而它们给读者的感受，也必然是壮美而非优美，是雄浑而非纤柔。

在叙事性作品特别是小说中，雄浑之美如何产生，前人似乎说得不多。依我看来，小说的雄浑，在内容上总是与一种严重的社会冲突、或人与自然的冲突联结在一起；而在形式上往往与宏伟的结构密切相关。前者，使人在惊心动魄的斗争面前对正义的力量、高尚的精神肃然起敬；后者，则使人好像面临巍峨的大厦而慨然兴叹。

雨果的《九三年》很雄浑，这是因为它以法国资产阶级革命时期革命与反革命两种力量的生死决战为题材，既写了人与自然的搏斗，更写了人与人的较量。它先用大自然的狂暴烘托出反革命头子朗德纳克的性格，继而又用朗德纳克的不凡烘托出共和国远征军司令郭文的形象。

小说的第一部《在海上》，描写朗德纳克由海道返回布列塔尼。几乎从他出现在克莱摩尔号军舰上起，种种险阻就缠绕着他。先是拴大炮的铁链断了。炮，凶猛地撞击着船壁；船，遭受着沉没的威胁。之后，他们又遇到风浪，碰到礁石，遭到围攻。最后，他差点在舢板上被一名水手杀死。所有这些情节都充满惊险的色彩，我们的心始终被一种紧张的氛围所笼罩。但是由于朗德纳克及其属下并没有在灾难面前惊慌失措，厄运反而展示了他们的沉着、无畏和乐观，所以，紧张的空气最后也不是导致恐怖，而是引向雄浑。

我大约是二十年前读的《九三年》，但对一些精彩的段落至今记忆犹新：

> 斗争开始了。一场闻所未闻的斗争。脆弱的躯体和不能伤害的躯体的搏斗。一个肉身的斗兽士攻击一只青铜的野兽。一方面是盲目的力量，另一方面是一个灵魂。
>
> 这一切都在阴暗中间进行。很像是一幅模糊的神话中的景象。

这是炮队队长与大炮搏斗的场面。显然，这幅经过作者渲染的“模糊的神话中的景象”是惨淡的，也是雄浑的。“神话”的结局突出了一位第三者——朗德纳克。是他，在千钧一发的时刻冲了出去，“动作比这一切凶猛的搏斗更加迅速……”终于，大炮被制伏了。而在水手们的心目中，一个神秘老头的英雄形象也顿时树立起来。

正因为朗德纳克是个了不起的强敌，革命与反革命的这场决斗才更显得是巨人与巨人之战，“绝不宽大”和“绝不饶恕”两个针锋相对的口号才更富于现实性。当我们看到朗德纳克终于被郭文击败时也才更强烈地感到革命的不可战胜。倘若作者笔下的朗德纳克是个无能之辈，这场生死搏斗必将大为减色，作品的雄浑之美也就不复存在了。

此外，不妨指出的是，人道主义几乎是雨果一切小说的主题。《九三年》中，他也竭力通过朗德纳克舍身救小孩、郭文私释朗德纳克以及西穆尔登在处决郭文的同时开枪自杀等虚构的情节，鼓吹“在王权之上，革命之上，人世间的一切问题之上，还有人心的无限仁慈”。这样的立论在今天似应批判，但无可否认的是，强烈的人道色彩也是构成小说雄浑之美的一个重要因素。

罗曼·罗兰的《约翰·克利斯朵夫》是又一种类型的雄浑作品。与《九三年》相比，它没有什么扣人心弦的场面，而以音乐般的气氛和情绪取胜。它也写冲突，却并非战争中你死我活的搏斗，而是一个具有崇高心灵的音乐家与庸俗环境的对抗以及他自己内心经历的斗争。作者崇拜贝多芬，他的作品也同贝多芬的英雄性乐曲一样，表现着这样一种进程：从黑暗到光明，通过斗争走向胜利！小说描写克利斯朵夫艰难奋斗的一生，从“蒙蒙晓雾初开”到“将死而不死于恶死之日”，一步一步将读者引向雄浑高远之境。关于它的风格特色，我在《氤氲之美》中还将继续探讨。

康德曾把崇高分为“数量的”和“力量的”两种。“数量的崇高”系指体积的无限大。虽然他把崇高局限于自然界，但在我看来，艺术中同样存在一个“体积”问题。宏伟的结构本身就使人感到壮美和雄浑。譬如，西欧美术史上，没有哪个画家能比米开朗琪罗更雄浑，而米氏的壁画名作《创世记》之所以令人起庄严雄伟之感，显然与其巨大而辉煌的结构分不开。试想我们如有机会进入罗马西斯廷教堂，猛抬头望见离地十八米的拱形天顶上，许多健壮而富于英雄气质的人物正表演着各个不同的神奇故事，所有的故事都用建筑物的形式和装饰纹样区划开来，而整个画面又形成一个浑然的整体，这是多么壮观的现象啊！难怪连画家的对头拉斐尔见了也不由得惊叹："米开朗琪罗是用着同上帝一样杰出的天才创造出这个世界的！"（转引自《西方美术史纲》）

对于大部头长篇小说来说，宏伟的结构更是通向雄浑的必由之路。不过宏伟不等于庞杂，一堆杂乱的材料或一篇尽管内容丰富然而漫无头绪的小说，不可能引起真正的美感。只有作品容量虽大却又经过意匠经营的小说才能进入雄浑之境。赫尔曼·沃克的《战争风云》、《战争与回忆》便属于这类作品。它通过亨利上校一家的活动展示出二次世界大战的全景，结构既宏伟又集中，人物的命运与战争的进程紧密相连。读着小说，我们仿佛与亨利一起周游各国，拜会了罗斯福、丘吉尔、斯大林、希特勒，仿佛乘上华伦的飞机参加了中途岛之战，又随着娜塔丽的步履踏进了法西斯集中营……记得过去有一首论述雄浑之美的诗，尾联是："遍游穹颢三千界，只仗骅骝十二闲。"读这部长篇，便好像骑着一匹神异的骅骝，经历了大战的全过程。

谈到赫尔曼·沃克的小说，便自然联想到一个更杰出的范例——托尔斯泰的《战争与和平》。这部以法俄战争为背景的长篇也是在整体上极为雄浑的作品。它的结构宏大而又严密，反映的社会生活极其广阔。笔触所及，不仅包罗国王的御前会议，贵族的沙龙聚会，地主的庄园生活；而且布下好几条爱情线索，展现了青年男女的日常生活和内心世界。但所有这一切都直接间接地与战事交织在一起，人生的悲欢离合无不与战场的风云变幻休戚相关。读这部小说，我们不但目睹法俄战争的场景，而且看到了从1805年到1813年整个俄罗斯生活的进程。不仅如此，小说还附有一个八九万言的“尾声”，“尾声”中写到“十二月党人”的秘密活动，从而揭开了历史的下一页……

雄浑，是一种令人昂扬振奋的境界，但一部长篇不能自始至终都雄浑。恰如交响曲的各乐章通常是快板与慢板的交替，长篇小说的美感节奏也需要有张有弛，有徐有疾，时而鼍鼓阵阵，时而凤管声声。即使像《九三年》这样的沉雄激越之作，当写到“孩子们醒过来了”时，字里行间也不觉充满柔情：“孩子们的醒觉就像花的开放一样；这些清新的心灵仿佛发散出来的一股幽香……”当然，雄浑中出现轻快温柔的插曲与以轻快温柔为基调是不同的。兴风狂啸的老虎，尽管也“回眸时看小於菟”，却终究是老虎而不是绵羊。贝多芬的《命运交响曲》，其中也有抒情的慢板乐章，但那表现的仍然是英雄的沉思，英雄的休息，与全曲表现的英雄与命运搏斗的主题完全一致。同样，《九三年》中出现孩子们嬉戏的场景，也是为了替小说的高潮作一铺垫，使行将出现的火灾场面更加紧扣人心。

写到这里，我又想起了《战争与和平》，想起了小说第二卷的结尾。其时女主人公娜塔莎由于受到花花公子阿那托尔的引诱而与安德来公爵破裂。正在绝望之际，彼埃尔前来安慰她，说：“假使我不是我自己，而是世界上最美的，最聪明，最好的人，假使我是自由的，我此刻就跪下来向您求婚求爱了。”这是一个温情脉脉的场面，然而作者却没有就此戛然而止，而是有意让彼埃尔来到街上，然后结束于这样一段描绘：

天气寒冷，天色明亮。……到达阿尔巴特广场时，广大的、有星的、幽暗的天空展开在彼埃尔的眼前。几乎就在卜来其斯清斯卡林荫大道上边天空的当中，照耀着巨大辉煌的1812年的彗星，它的四周围绕着散布着星辰，但因为它接近地面，因为它的白光，和长长的上翘的尾巴，而与众星不同。这颗彗星，据说，预兆一切恐怖和世界末日。但是这一颗带着发光的长尾巴的明亮的星，并没有在彼埃尔的心中引起任何恐怖的情绪。相反，彼埃尔把泪湿的眼睛高兴地望着这颗明亮的星。……这彗星完全反映着他的进入新生活的、受感动的、振奋的心灵中的东西。

我们知道，《战争与和平》共分四卷。前二卷以1805年到1812年初的法俄关系为背景。从第三卷开始才正式拉开1812年战争的大幕。因此，就全书结构而言，第二卷的结尾在无形中含有分水岭的意味。现在，小说不是结束于娜塔莎和彼埃尔的一场对话，而是结束于彼埃尔由娜塔莎家出来后的心情刻画，并把这一刻画与“1812年的彗星”结合起来，结合得如此巧妙，以致灿烂的夜景、战争的预兆、主人公情感的升华这几样似乎风马牛不相及的东西竟天衣无缝地融为一体。于是，柔情的、优美的夜曲消逝了，雄浑的、壮美的境界呈现出来。我以为，在性格的塑造上，在承上启下的技巧上，在雄浑之美的追求上，这都是令人叹服的大师手笔。

雄浑与轻快、温柔的场面可以交替出现，但与轻佻、浮薄的描写却决不相容。历来人们对雄浑或崇高的具体解释也许纷纭各别，但有一点是共同的，即都认为它是一种高格调、高境界。古罗马美学家朗吉弩斯便把“崇高”的来源归结为五条：第一是庄严伟大的思想；第二是强烈而激动的情感；第三是运用藻饰的技术；第四是高雅的措辞；第五是整个结构的堂皇卓越。这样的归纳是否科学以及这里的“崇高”与我们说的“雄浑”有何异同，都可以商榷，但很明显的是，在他画出的崇高领域里，没有油腔滑调、低级趣味的容身之地。在中国的诗论文论中，探讨雄浑之美的篇章甚多，也大都把雄浑放在一个至高的地位。此外，与雄浑相近的形态也很多，如“雄劲”、“雄放”、“雄奇”、“高浑”等等。其中我很欣赏的一个是“沉雄”，因为它把雄浑与深沉、凝重的风格联系起来，而将轻佻、浮薄断然排除出去。无疑，我是欣赏前者而憎厌后者的，不过这似乎应该是另一篇文章探讨的问题了。

2 犷悍之美

KUANG HAN ZHI MEI

“犷悍”而能产生“美”，似乎是很奇怪的事。旧辞书中，它是“野蛮”的近义词。自诩文明的汉人往往是在谈到那未开化的民族时才使用它:“其人物犷悍，风俗荒怪……”(《桂海蛮志》)所以，“犷悍”的文艺显然是“不登大雅”的，它有违于“温柔敦厚”的诗教，也与古典文论中的风格分类不甚相干。无论是刘勰列举的“八体”，还是司空图的“二十四诗品”，都绝无“犷悍”的容身之地。

在西洋，神经衰弱的人也接受不了风格犷悍的作品。19世纪末20世纪初，当高尔基异峰突起地出现在俄国文坛，杰克·伦敦骇世惊俗地走进美国文坛时，就曾引起一片恐慌，沙皇尼古拉二世甚至亲自取消了高尔基科学院“名誉院士”的称号。

然而犷悍之美是确实存在的。不论在音乐、美术，还是诗歌、小说中，它都顽强地存在着；尤其当整个文苑的趣味趋向轻靡、颓废时，犷悍的作品就更显出其特异的生命的光彩。

“野蛮”、“未开化”其实也不一定是贬义词。所有的民族都要经历一个未开化的时期；所有民族的原始文艺都免不了要反映一种蛮荒的生活、犷厉的趣味。唯其原始，故饶生气。犷悍之美正是常常与一股原始而蓬勃的生气联系在一起。当我们聆赏斯特拉文斯基的芭蕾音乐《火鸟》、《春之祭》，听到那灼热的旋律，强烈刺激性的和声音响，变化多端、奇特怪异的节奏时，所引起的不正是一种蛮荒时代的遐想吗?!

小说与音乐不同。小说的犷悍主要通过人物性格表现出来，这人物又必须是主人公。巴尔扎克笔下的伏脱冷是很强悍的，但是他在《高老头》和《贝姨》中都以次要角色出现，所以并不能给作品定下一种犷悍的基调。那么，谁塑造的主人公性格最为强悍呢？我想到了三个名字：两个上文已经提到，即高尔基和杰克·伦敦；另一个是梅里美。他们的小说都很强悍有力，散发着粗犷的气息。但由于三人的经历、教养和所处的时代、国度各异，犷悍之美在他们身上又反射出不同的色彩。

梅里美是一个很奇特的作家。他一生没有写过长篇，中短篇加起来也不足二十之数，然而在法国文学史上却占了那样显赫的地位，直到今天还广受读者欢迎。究其原因，除了技巧的精熟，恐怕也正因为在他的作品中有一股原始的、野性的气息。你看，他选择的几乎都是与现代文明少有关系的题材，描写的几乎都是残忍的流血的故事，每一个故事又几乎都以死亡为结局。如果我们让他的主人公站成一列，马上就可看到，他们个个都有铁一般的肌肉，强悍甚至凶悍的性格。倘给他们画像，那么恐怕只有以画“恶魔”著称的弗罗贝尔最为合适。

马铁奥·法尔哥尼，一个科西嘉的神枪手，当获知他的独生子由于贪图一只挂表而出卖了前来他家寻求庇护的逃犯后，极为愤怒，为“伸张正义”，亲手枪杀了自己十岁的孩子。

塔芒戈，一个壮健魁伟的黑人的人贩子，当自身也被当做奴隶

抓上贩奴船后，英勇地率领全船黑奴起义了。他们杀死了所有的白人，而那个凶悍的船长则几乎是被塔芒戈咬死的——“咬住他脖子，用力之猛，竟使血如喷泉，像从狮子的齿缝里喷出来一样……”

梅里美也写女性，但他笔下的女主人公决不是当时文艺中习见的弱不禁风的闺秀，她们总是比男人更勇敢、更刚毅、更强悍。其中最为人熟知的是高龙巴和卡门。前者在天真开朗的村姑外表下隐伏着一颗复仇女神的灵魂。她远比那从文明社会走来的英国小姐丽娣亚富有生气，也远比她的哥哥奥索更有才智和魄力。后者是一个吉卜赛女强盗，她热爱自由胜过自己的生命。当小说中的“我”用眼泪和刀子恳求她“继续爱”自己时，她的答复斩钉截铁：

> 她对我说：
>
> “继续爱你，这不可能。和你一起生活，我不愿意。”
>
> 我不由得怒气冲天。我拔出刀子，希望她害怕而向我求饶，可是这个女人简直是个恶魔。
>
> “最后一次，”我大声说，“你愿意跟我在一起吗？”
>
> “不！不！不！”她跺着脚说。
>
> 她把我送给她的一只戒指从手指上脱下来，把它扔到树丛里去。

就这样，她选择了死亡，既断然又沉静。

这类性格，在梅里美以前的小说中还没有出现过，他（她）们给作品造成一种独特的犷悍的风貌。不过，由于梅里美自身并没有经历过他所描写的生活，他从来都是用一种平静的旁观的态度去叙述故事，喜怒不形于色，因此，犷悍之美在他的小说中也宛如蒙上了一层冰霜，成为一种冷漠的美。

到了杰克·伦敦和高尔基，情形就完全不同了。这两个人都有过苦难的童年，自身就在那粗野犷悍的圈子里生活过，跌打过。当他们描写那熟悉的一切时，笔端便不由得饱蘸深情。犷悍之美在他们的小说中是同热情结合在一起的。

譬如，梅里美喜欢让他的主人公冷静地面对死亡，杰克·伦敦却喜欢让他的人物在最艰危的关头热烈地追求生存。他有一篇为列宁所喜爱的短篇，题目就叫《热爱生命》。寂寥的北方荒原里，一个被伙伴抛弃的淘金者，没有子弹，没有粮食，脚肿得像膝盖一般粗，不时受到雨雪和野兽的威胁，死神随时都在向他招手，但是一股活下去的欲望洋溢于他的全身心，他同大自然展开了一场顽强的搏斗。当他同一只与他一样饥饿、一样衰弱的病狼相遇时，小说进入了戏剧性的高潮。他和它都没有力量打倒对方，只能竭力维持各自的生命，耐心等候对方死亡。终于，当狼误以为他已死去而爬过来咬啮时，他用自己的身体压死了对方，从而靠饮狼血生存了下来。

类似这种生死拼搏的描写，在杰克·伦敦的作品中可说比比皆是。无论是长篇《海狼》，中篇《荒野的呼唤》，还是短篇《一块牛排》；也无论是写人、写狗，还是写狼；我们总可看到一幕又一幕生存竞争的戏剧，弱肉强食的场景。犷悍之美由于受到进化论的滋润而发出炫目的光泽。但是，社会达尔文主义毕竟不能科学地解释人生；把阶级剥削的残酷现实描写成"物竞天择，适者生存"的结果，终究不能令人信服。所以，比较起来，还是他的另一个短篇《墨西哥人》具有更感人的主题。在这部作品中，强悍的性格与革命的目标结合起来，犷悍之美呈现出正义的理想的光辉——

一个名叫利威拉的墨西哥青年，父母都被反动政权残杀了。为了替革命筹措资金，他暗自去同一个著名的美国拳击手举行比赛。从拳场老板、裁判、观众直到他自己的助手，都站在对方那一边，形势、气氛对他都极为不利。可是，他一点也不惊慌，“在全场的人中，只有利威拉是惟一冷静的人。就性格和血气来说，他是场子里最热情的人；可是他经历过的场面，比这不知要激烈多少倍。”他想着的是成千上万饥饿的工人，眼前浮现的是高高堆起的烈士的尸骨。与他胸中激荡的风暴相比，那场内一万观众的吼声“不过是夏天黄昏里凉爽的微风罢了”。他终于凭着坚忍的毅力和沉着，战胜了强壮而狡猾的对手。

热情与犷悍的结合，在高尔基手里又呈现出另一种面貌。他一生创作宏富，风格也不能以“犷悍”一词蔽之，但是，在他早期的短篇小说以至长篇《母亲》中，的确塑造了不少性格强悍的人物。与梅里美和杰克·伦敦不同的是，他不把这种强悍赋予那具有传奇色彩的异国人，也不把它赋予超人一等的革命者、冒险家、海盗或超群绝伦的狼和狗，而把它赋予那生活在社会底层的普通人。于是，犷悍之美通过他的小说变得平易而亲切了。他早年写过许多流浪汉，其中有乞丐，有苦力，有小偷，有妓女。他们大都毫无文化，身上带着一股蛮劲和野气。像窃贼契尔卡什，不但外貌凶狠，有着“猛兽似的精瘦”，“猛禽翱翔似的步态”，而且行为也凶狠。当他要拉别人入伙时，那个人的生命就像落进狼爪子里一样。然而他又是真实可信的，他有着丧失了土地和亲人的流浪汉的自卑和自尊。由于他内心有一股对现实的抗议力量，有一种不做土地和金钱的奴隶的自由感，这就使得他远比那胆小而贪婪的小农人加夫里拉显得高大。也正是这种精神的优越比那凶狠的外貌更增添了他身上强悍的力量。

犷悍之美主要由强悍的性格所决定，但在一部风格统一的作品中，环境描写、气氛描写、风景描写等往往也同时渲染出一种犷悍的色彩。譬如杰克·伦敦的某些小说，不但角色强悍，而且喜欢以荒野为背景——

……大地本身一片荒凉，没有生命，毫无动作，如此寂寞寒冷，它那意味，甚至不仅仅是悲哀而已。它含着一种若有若无的笑意，但是这笑比任何悲哀更可怕……那是永恒以其专横而难以言传的智慧在嘲笑生命和生命的奋斗。那是“荒野”，是野蛮的、寒冷彻骨的“北国的荒野”。

这是《雪虎》的首段。它把我们带进一片原始的荒野。那里，大自然正以饥饿和寒冷来迎候行将出现的客人——狼群。这部以狼为主角的小说，“性格”之凶悍是不必说的了。就从上述环境描写中，我们不是已经觉得有一股扑面吹来的犷悍气息了吗？

高尔基是描写风景的大师。文学史上，没有几个作家能把风景涂抹得如他那样绚丽。他画出的风景又总是与小说的整个色调相一致。在那风格犷悍的作品中，景物也总是展现出一派犷悍之美。

海——在笑着。

在热风的轻轻的吹动之下，它在抖动；一层细密的皱纹，耀眼地反映着太阳的光彩，盖住了它，而几千个银光灿烂的笑涡向着蔚蓝的天微笑。在海与天之间蔚蓝的空间，动荡着欢乐的波浪声……

风亲爱地抚摸着海的绸缎似的胸膛，太阳用自己的热烈的光线温暖着它，而海，在这些爱抚的温柔力量之下睡梦似的喘息着……

没有人像这样描写过海。它，似乎成了一个女人，当然不是羞羞答答的少女，而是一个健美的、欢笑着的女人，一个热情的、渴望承受爱抚的女人。作家的想象是奇特的。然而，一旦我们读罢小说《马尔华》，便会发现，对于那女主人公来说，实在没有比这样的海景更合适的了。

上面所谈，都是外国文学的例子。或许有人会问：中国小说中，是否也有犷悍的作品呢？当然有的。首先便是《水浒》。如果说，强悍的“盗贼”曾经为梅里美、高尔基、杰克·伦敦所喜爱，那么，早在数百年前，《水浒》已为这“盗贼”的画廊提供了一系列生动的形象。封建卫道者们不是加给它一顶帽子，叫做“诲盗”吗？事实上，从小说第二回“九纹龙大闹史家村”开始，的确已经揭开了“诲盗”的序幕；等到第三回豪爽凶猛的鲁提辖登场，一股粗犷的气息就弥漫书中了。只是，由于小说的主人公宋江的性格并不强悍，因此，就整个长篇的基调看，还不能以“犷悍”来概括。

写到这里，我不禁想起了本文开头的那些话。就是说，在旧时代的某些人眼里，“犷悍”是贬义的；“盗贼”、“野人”、“强人”也都是贬义的。而事实上，文学作品中的强悍性格与辞书中的解释已完全不同。即以“盗贼”而论，他们在梅里美、高尔基或施耐庵的笔下，都不同程度地体现着正面的素质。他们身上原始、野性的一面，常常意味着对一种已经衰朽的文明的否定，或对一种不合理的现存秩序的抗议。唯其如此，他们才受到广泛的喜爱。如果契尔卡什不去偷窃阔人，却专门抢劫穷人；鲁提辖不去扶弱济贫，却与镇关西沆瀣一气；那么他们就不是为人喜爱的“盗贼”，而是真正的恶棍了。如果一部小说刻意歌颂恶棍，它给作品带来的将不是犷悍之美；而是恐怖和丑恶。

那么，在今天的文学创作中，是否还要提倡犷悍的风格，塑造“盗贼”或“强人”的性格呢？我以为，犷悍之美是仍然值得追求的。特别是当社会上一部分人的趣味趋向庸俗低下，不健康的作品又沉渣泛起时，更应该有犷悍的作品出来涤除腥秽，扫荡浮靡。至于“盗贼”或“强人”的形象，实际上已经出现了。譬如《犯人李铜钟的故事》中，李铜钟是“犯人”，同时又是强人。他表面上犯了“盗窃粮库”的罪，实际上是以罕见的勇气维护着人民的生命和党的威信。又如《大墙下的红玉兰》，写的也是“犯人”，但在那人妖颠倒的岁月里，这样的“犯人”恰恰是民族的脊梁。

当然，强悍的性格不一定总是体现在“盗贼”或“犯人”的身上，也不一定总是在同“四人帮”的斗争中形成。只是，当一种政治的淫威、一股邪恶的势力、一种错误的思潮笼罩大地时，强悍的性格往往更易显出其特异的光辉。而正因为如此，在拨乱反正已经取得决定性胜利的今天，反映现实生活的作品，应如何塑造新的“强人”形象，开创一种新的犷悍之美，就成为一个值得探索的问题了。

创作实践会作出满意的回答的，我想。

※**附记**※

此文写于1982年冬。

那时，《今夜有暴风雪》、《郝依拉宝格达山的传说》、《迷人的海》、《北方的河》……都还没有问世。但我有一种预感，觉得或迟或早，会有一批风格犷悍激越的小说出现在我国文坛。

如今，创作实践已经作出了回答。

3 柔婉之美

ROU WAN ZHI MEI

近阅《宗璞小说散文选》，先读孙犁的代序，发现他特别推崇一篇写狗的小说，于是接着便也翻看那一篇。虽然，孙序已从文学素养、创作风度、文学语言三方面作了精当的评价，但不知为什么，我读后蓦然想到的竟是李后主的一首词：

> 无言独上西楼，月如钩。寂寞梧桐深院锁清秋。剪不断，理还乱，是离愁。别是一般滋味在心头。

也许，是那小狗独自观瀑的怪僻令我想起了“无言”与“寂寞”；也许，是它跋山涉水，寻返故宅的奇行令我联想到“剪不断，理还乱”的情思；也许……

总之，《鲁鲁》以狗为主角，却通篇氤氲着人间的离愁与别恨，情调温柔而委婉。我又一次意识到，正如词中有豪放与婉约之分，古文有阳刚与阴柔之别，小说于雄奇、犷悍之外，也另有一美，即柔婉之美。

柔婉，不等于孱弱，不是病骨支离，不是弱不禁风。它有如杨柳，摇曳多姿；宛若蚕丝，绵绵不尽。

难道不是这样吗？一条小狗，人世的变迁使它更换了三次主人。每换一次，它都疯了似的到处寻找旧主人，不但往最近的住地寻找，而且去以前的故居寻觅，甚至长途跋涉，去很远很远的故乡探询。一去半年，回来时已由一条可爱的白狗变成一条憔悴的灰狗。它还记得城外有一处瀑布，旧主人曾去观赏过的，从此便常常跑出城去，坐在大瀑布前，久久地望着那白帐幔似的落水，发出悲凉的、撞人心弦的哀号。

这与我们读惯的杰克·伦敦的狗故事是多么不同！伦敦笔下的狗也很可爱，但那是处于生存竞争中的狗，散发着桀骜不驯的野性的气息。宗璞写狗，却富于缠绵的情致。笔调很摇曳，这摇曳无时不与一股柔情相萦系。难怪孙犁说它“表面是动物的悲鸣，内含是人性的呼喊”，“使我读后，不禁欷歔”了。

《鲁鲁》受到孙犁的赞扬，其实孙犁自己的作品又何尝不流溢着柔婉之美！近年来人们纷纷探讨“荷花淀派”的艺术特色。我很惭愧：对于小说的流派素乏研究。只是就所读过的孙犁作品而言，感到它那抒情的气息是异常浓郁的。同样写战争，他的小说中没有残酷激烈的画面，没有雷震霆击的声势；却自有一种温柔，使人深深地同情于善良的被蹂躏的百姓；自有一种乐观，使人深信胜利将属于被欺凌的人民。

《荷花淀》已被人举得太多，我不想谈了。我想谈的是它的续篇：《嘱咐》。这个短篇里，在外八年的水生忽于一个晚上回到家中，那情景真像是杜甫当年感叹过的“夜阑更秉烛，相对如梦寐”。然而毕竟时代不同了，做丈夫的经受了革命战争的锤炼，对于妻儿固怀深情，却绝不流露一丝悲戚。做妻子的自然脆弱一些，但当获知丈夫翌晨还要赶赴前线时，也并没有拖后腿。这里剪取的是极普通的夫妻生活的一角，反映的是一个如火如荼的大时代。

值得一提的是，抒情本是诗的当行，而孙犁却善于吸收诗的长处，同时融进小说的技法，从而使作品的柔婉既与诗词相似，又远比诗词具体、细腻，特别是通过人物的神情、动作和对话来描写，尤令人感到亲切：

他在门口遇见了自己的女人。她正在那里悄悄的关闭那外面的梢门。水生亲热地叫了一声：

"你！"

女人一怔，睁开大眼睛，咧开嘴笑了笑，就转过身子去抽抽搭搭的哭了……两个人在那里站了一会，还是水生把门掩好说："不要哭了，家去吧！"他在前面走，女人在后面跟，走到院里，女人紧走两步赶在前面，到屋里去点灯。水生在院里停了停。他听着女人忙乱地打火，灯光闪在窗户上了，女人喊："进来吧！还做客吗？"

……他走进屋里，女人从炕上拖起一个孩子来，含着两眼泪水笑着说：

"来！这就是你爹，一天价看见人家有爹，自己没爹，这不现在回来了。"说着已经不成声音。水生说：

"来！我抱抱。"

这是久别重逢的场面。作者好像躲在一个看不见的地方，对这场面不加一句评语，不作一点渲染。读者只看到人物自己在行动，在说话。行动与说话又极普通，既无惊人之举，又无骇人之语，然而我们却非常感动，仿佛有一种质朴而浓烈的爱，随着一股暖流，从一对夫妻那里涌到了我们身上。我在《素朴之美》中说过，“素朴的奥秘全在于自然”，而在上述场面中，作者正是把素朴、自然与温柔、委婉融成了一体。

有人认为，孙犁式的风格，只宜表现正剧，不宜表现悲剧。或者说，“荷花淀派”在表现正剧方面已经取得杰出成就，而在如何表现悲剧方面尚需进行探索。这里涉及一个美学问题：历来的美学家们喜欢把美的形态归为壮美、优美、崇高、滑稽、悲剧、喜剧等几大类（也有将壮美与崇高合一，滑稽与喜剧合一的），又大都认为悲剧是壮美或崇高美的集中表现和最高形态。换而言之，优美与悲剧是没有关系的。从这一点出发，孙犁式的柔婉之美（优美）似乎的确不宜表现悲剧。

然而这论点是值得商榷的。什么是优美？清代桐城派古文家姚鼐有一段话常为人所引用：“其得于阴与柔之美者，则其文如升初日，如清风，如云，如霞，如烟，如幽林曲涧……其于人也……暖乎其如喜，愀乎其如悲。”（《复鲁絜非书》）可见，在姚鼐看来，阴柔之美（优美）既可引起喜悦感，也可引起悲哀感，只是人们引用时往往忽略了“愀乎其如悲”这句话。朱光潜先生在《谈美书简》中把优美称为“秀美”，说：“春风微雨、娇莺嫩柳、小溪曲涧荷塘之类自然景物和赵孟頫的字画、《花间集》、《红楼梦》里的林黛玉、《春江花月夜》乐曲之类文艺作品都令人起秀美之感。”而“《红楼梦》里的林黛玉”正是一个典型的悲剧人物。

从词史看，豪放派趋向壮美，婉约派趋向优美。但婉约派的作品也并不永远都是清新、和谐、愉快、活泼的。李后主的词不必说了，那里有着深沉的亡国之痛。李清照少女时代的作品很快活，南渡之后，便一变而为“寻寻觅觅，冷冷清清，凄凄惨惨戚戚”了。晏几道和秦观被称为“古之伤心人”，何谓“伤心”？悲哀之同义词也。可见，就在长短句中，优美与悲剧也并不互相排斥。

那么，何独在小说中，柔婉之美就不能与悲剧之美融而为一呢？孙犁与“荷花淀派”或许没有表现过悲剧，但以柔婉的风格来写悲剧的作品则古今中外并不罕见。《红楼梦》，朱光潜先生已经举过了。当代小说中，《人到中年》是众所熟知的中篇。它的主题也是悲剧性的：一个业务精熟的医生，大学毕业十八年了，治好了无数病人的眼疾，可是自身却由于工作过于劳累，生活条件又过差，终于患了严重的心肌梗塞，几乎离别人世……整个故事，如同主人公陆文婷大夫一样，平凡、朴实、娇小、温情，没有叱咤风云的场面，没有威武雄壮的进行曲，然而感人至深。感人的奥秘就在柔婉与悲剧的结合，宛如洞箫吹出的一曲悲歌，在人心深处激起了共鸣。

当然，谌容的风格与孙犁很不相同。她的技法较为“现代”：叙述的角度变来变去；“过去”、“最近”、“现在”相交错；昏迷的意识与清醒的意识杂糅在一起。她的描写，也不像孙犁那样纯用白描，而经常夹入作者的抒情与议论。即便在写人物对话时，也不排斥使用色彩感很强的语言。

有一段对话，是令所有的读者都难以忘怀的。那是在陆文婷重病之日，她的丈夫傅家杰念起了他们恋爱时读过的一首裴多菲的诗——

“我愿意是激流，

…………

只要我的爱人

是一条小鱼，

在我的浪花中，

快乐地游来游去。”

这诗句，好似惊动了她，她侧过脸久久地注视着自己的爱人，嘴唇动了动，仿佛在说：

“我不能……游了……”

傅家杰忍下眼泪，又念道：

“我愿意是荒林，

…………

只要我的爱人

是一只小鸟，

在我的稠密的

树林间做窝、鸣叫……”

只见她嘴唇又轻轻动了动，仿佛在说：

“我……飞不动了……”

傅家杰心痛难忍，但他仍含泪念下去：

“我愿意是废墟，

…………

只要我的爱人，

是青春的常春藤，

沿着我荒凉的额，

亲密地攀援上升。”

这时，陆文婷眼里滚出两行晶莹的泪珠，默默地顺着眼角滴到雪白的枕头上。她挣扎了一下，仿佛说：

“我……攀不……上去了！”

傅家杰扑在她身上，像孩子似的哭起来：

“是我没有把你照顾好……”

改编的电影中保留了这段对话。应该保留。虽然，这是一段刻意雕琢过的对话，但一切艺术手法都没有绝对的高下可分，全看用在什么地方。这里的富有色彩的对话无疑比任何平淡的问候都更能激起情感的波涛，有一股催人泪下的力量。

从《人到中年》可以看出，柔婉之美在不同的作家那里闪耀着不同的光彩。如果说，唐宋词在婉约派的旗帜下，曾经有过温庭筠的秾丽，韦庄的疏淡，晏殊的清新，晏几道的热烈，柳永的俚俗，周邦彦的精工……那么，小说的柔婉自然也可姹紫嫣红，开出种种或素朴、或艳丽，或俗、或雅，或属现代、或属传统的花。

柔婉之花千姿百态，但正像我在本文开头所说：柔婉不等于孱弱。格调低下的、无病呻吟的、浮艳淫靡的作品，没有资格进入柔婉的殿堂。柔婉是美的表现形态，而浮艳淫靡等等则是丑的表现形态。倘把黄色文艺也视为柔婉的表现，那真是对柔婉之美的莫大侮辱了。

柔婉之所以与黄色决不相容，还因为黄色作品在本质上是既不真也不善的，而柔婉之美则总是与真和善联系在一起。无论《鲁鲁》、《嘱咐》、《人到中年》，都是对真和善的讴歌。只是它不以刚健、强悍的风格来表现，而以温柔、委婉的风格来表现，不是贝多芬式的《英雄交响曲》，而是舒伯特式的小夜曲罢了。

对真和善的讴歌，必然导致对假和恶的暴露。但柔婉之作，在暴露时也不失其优美的风格。它不以目眦皆裂的愤怒、巨吼如雷的声讨取胜，而往往是以孩提的真诚对照虚伪，赤子的善良反衬邪恶。王国维说:“词人者，不失其赤子之心者也。”(《人间词话》)柔婉之美与赤子之心常常是结合在一起的。

奥地利作家茨威格有个短篇《家庭教师》，便是这样的作品。它描写一个孤苦无依的家庭教师，被她学生的表哥玩弄后怀了孕，又受到学生母亲的诟辱和驱逐，终于含冤自尽。但作者没有从正面去描写悲剧，而是通过学生——两个天真的女孩的眼睛去看整个事件，于是，所有的是非善恶，通过儿童直觉的检验，变得了了分明了。尽管，她们不明白教师与表哥说的“我们的孩子”是什么意思，但自从偷听到这句奇怪的话语，她们就对教师产生了新的尊敬和怜悯。表哥对事件采取的是不负责任的逃避，母亲采取的是无情的责骂和驱逐，而孩子们尽管不了解原委，却凭着一颗善良的童心，将深深的同情放到了受害的教师一边。“我真不明白母亲怎么能那样残酷地对待她。”“可怜的曼恩小姐!”这就是孩子的表态。她们没有别的办法，只好用自己积蓄的钱，买了教师喜爱的白玫瑰，偷偷地送去，以表示她们是多么的爱她……

当然，赤子之心不一定体现在孩子身上；对假和恶的谴责，更不一定非假手儿童不可。但是，柔婉的作品，无论歌颂还是暴露，都有其特殊的方式，都充满着人情味，都能给人以优美的享受，则是毫无疑义的。

既然如此，那么，柔婉之美较之雄健之美，或犷悍之美，究竟何者更高呢?这个问题，将近一千年前，苏东坡已经提过了。那是柳永大受欢迎的时期，东坡不服气，便向一位善歌的幕士问道:“我词何如柳七?”

幕士的回答颇有意思:

“柳郎中词，只合十七八女郎，执红牙板，歌‘杨柳岸，晓风残月’。学士词，须关西大汉，铜琵琶，铁绰板，唱‘大江东去’。”

是的，“晓风残月”与“大江东去”是两种不同形态的美。前者适合妙龄女郎演唱，后者适合关西大汉演唱。两美可以并存，何必定要分个高下呢？

4 悲怆之美

BEI CHUANG ZHI MEI

本文的标题是不很准确的，因为美学范畴的“悲剧性”，并不等于生活中的悲哀、悲痛、悲惨、悲伤，当然也不是悲怆的同义语。我所以用这标题，首先是想到了荆轲的“风萧萧兮易水寒，壮士一去兮不复还”，觉得中国的悲剧虽然产生较晚，但诗歌中却很早就有了悲凉慷慨的美。这美，司空图称为“悲慨”，顾翰称为“悲壮”。我用“悲怆”，则是因为又想到了陈子昂的“独怆然而涕下”。

其实，悲剧性与悲慨、悲怆……也不矛盾。悲剧性作品当然要令人生悲，只是它不限于生悲，它还必须使人奋起，使人产生美感罢了。人们读一首哀诗，听一曲挽歌，看一幕悲剧，一面悲从中来，黯然神伤，欷歔不已，一面又一定要读下去，听下去，看下去，就因为在悲中又获得了极大的审美愉悦。

这一审美特征，同样在作者创作时也显示出来。譬如柴科夫斯基创作《悲怆交响曲》，一方面处于对世界的悲哀感受中，不时受到“强烈的、无法形容的惆怅之情”的侵袭；一方面又无比快乐，觉得一生中“从来也不曾感到这样满意、这样骄傲和这样幸福”!（转引自克列姆辽夫《柴科夫斯基的交响曲》）而在这种心境中孕育的《悲怆》，既是他最悲哀的乐曲，又是他最优美的作品。

然而音乐终究是情感艺术，它可以深深拨动人心的哀弦，却不能像叙事体作品那般细致地、游刃有余地塑造悲剧性格，表现悲剧冲突，揭示悲剧成因。悲剧的审美特征毕竟在戏剧和小说中表现得更为突出和集中。在这类体裁中，我们能清楚地看到，一个具有正面素质的人，进行着完全正当的追求，可是横遭磨难和挫折，终于失败了，毁灭了。我们为他的遭遇不胜悲悯，又从他的追求备受鼓舞。在潸然泣下之时，我们看到真与善的闪光，领略到一种庄严的美。这是我们都曾有过的体验。

悲剧的情调当然是悲怆的，但这不等于说，悲剧必须一悲到底。欧洲悲剧史上，希腊悲剧自始至终都用一个调子，莎士比亚却喜欢在悲剧中穿插一些生动活泼的场面。悲剧性小说中，不同作家、不同作品对于悲剧进程往往也有不同的处理。

一般说来，短篇小说由于篇幅较短，适于采用一个调子，从而使人开卷之初，就呼吸到一股悲哀的空气；随着情节的开展，悲哀也越来越浓重，越来越深沉，终于将读者全然笼罩。鲁迅是现代中国第一位悲剧小说家，他的几篇悲剧名作几乎都是一开始就定下了悲悯的基调。如《伤逝》的第一句话就是——

> 如果我能够，我要写下我的悔恨和悲哀，为子君，为自己。

《故乡》的开头则是一段凄凉的风景描写——

> …………

> 时候既然是深冬；渐近故乡时，天气又阴晦了，冷风吹进船舱中，呜呜的响，从篷隙向外一望，苍黄的天底下，远近横着几个萧索的荒村，没有一些活气。我的心禁不住悲凉起来了。

尽管，《伤逝》中也写了初恋的甜蜜，新婚的欢喜，《故乡》中也有童年情景的美好回忆，但开卷的基调一经定下，所有的美好甜蜜就仿佛一缕已逝的烟云，只能徒增读者的惆怅了。

长篇小说也有采用一个调子的。英国作家哈代的悲剧小说往往通篇令人悲哀，令人压抑。他的《还乡》开场有一段著名的对于爱敦荒原的描写，文字很长，我只能引几句——

> ……荒原一把黑暗吐出，天空就把黑暗倾下，两种动作都同样迅速。这样一来，大气里的暝昧和大地上的暝昧，就各走一半路程，凑到了一起，仿佛同枝连理，结成一气氤氲。

我以为，这既是对黄昏暮色的卓越描绘，也是对社会人生的悲凉暗示。哈代笔下的主人公往往就生活在这天地不分的无边黑暗里，从不幸走向更大的不幸。《德伯家的苔丝》自拍成电影公映以来，已为我国观众所熟知，而作品的女主人公正是一开始就生活在黑暗中。哈代在该书五版序言中曾说："它所刻画的女主角还没开始正式活动以前，就经历了一番事故了，而那番事故……至少是把她的活动和希望实际上结束了的。"一登场就陷于不幸的网罗，受到命运的戏弄，没有挣扎的余地，没有生存的希望——这便是贯串《苔丝》全书的基调。

不过，在更多的悲剧性长篇小说中，作家们往往喜欢采用悲喜交错或先喜后悲的节奏。这是因为读者通常都怕听单一的调子，而要求艺术的色彩富于变化。如果一部长篇从头到尾悲悲戚戚，作者又并无哈代般的笔力，那就很难不令人生厌。所以悲和喜，恰如刚与柔，张与弛，急与缓，需要互相搭配和调剂。《红楼梦》表现的是一个家族走向衰败的大悲剧，大悲剧中包含无数小悲剧，但那调子绝非始终伤悲。碰到读者缺乏鉴赏力，甚至会被大观园中的赏心乐事所迷醉，而感觉不到任何异兆悲音。直到后四十回“大故迭起”，人们才普遍地呼吸到如鲁迅所说的“遍被华林”的“悲凉之雾”。德国作家托马斯·曼的名著《布登勃洛克一家》，写的也是一个家庭没落的悲剧，但前半部的气氛也不苍凉；后半部才渐渐响起一首阴郁的挽歌。姚雪垠的《李自成》反映的是一场农民革命由失败走向胜利，又由胜利走向失败的大悲剧。它的笔调也决不单一。从整体效果看，情节上的失败——胜利——失败，在美的形态上就表现为悲壮——雄壮——悲壮。而在具体章节中，壮美又与优美时相交替。譬如第二卷中的“虎吼雷鸣马萧萧”一节，前面的文字都很悲壮，结尾处忽然出现一段花香鸟语的抒情描绘，于是小说的节奏顿起变化，仿佛在关西大汉的铜琶铁板之后，传来了皓齿吴娃的牙板清歌。

悲剧，离不开悲剧性格的塑造。性格本来千姿百态，但有一点是共同的：他必须具有正面素质。这样，他的毁灭才令人同情，他的奋斗才令人向往。《红楼梦》中死了不少人，却并非每个死者都够得上悲剧性格。贾瑞死了，读者心中只有两个字——活该!秦可卿死了，读者也不怎么悲哀。可是，尤三姐自刎了，我们心中就猛一震动，好像目睹一枝极艳丽极芬芳极挺拔的花，突然摧折了一般。尤三姐是个真正的悲剧人物。她生活在封建时代，处在“穷亲戚”的地位上。姐姐尤二姐很自然地走上了被侮辱与被迫害的道路。而她却具有一种强烈的自尊感和自由感。她大胆泼辣地抗拒贾府子弟的玩弄，热情勇敢地追求自己的意中人。她理应获得幸福，然而终于失败了。亚里斯多德有句名言：悲剧是“借引起怜悯与恐惧来使这种情感得到陶冶”。（“陶冶”或译“净化”，见《诗学》）如果说，尤二姐的吞金自逝，富于哀婉的色彩，让人怜悯；那么，尤三姐的拔剑自刎，则具有崇高悲壮的气势，更多地引起我们的惊惧。

当然，在《红楼梦》的众多悲剧性格中，塑造得最成功最深刻的还是林黛玉。尤三姐直率而刚烈，唯其如此，她的性格是单一的。而林黛玉的内心则包藏着无比丰富的世界。记得黑格尔在谈到希腊古典悲剧与文艺复兴以来的近代悲剧的区别时，曾指出，古典悲剧中，矛盾冲突是在人与人之间、不同的性格之间展开；而近代悲剧中，性格本身发生分裂，两种对立的意图在同一个性格之中进行斗争，矛盾冲突同时是在性格内部展开的。倘把尤三姐与黛玉做比较，那么，尤三姐可以进入古典悲剧，而黛玉则无疑属于近代悲剧。在黛玉身上，两种对立的爱情观、道德观冲突得极为厉害。一面是她对宝玉的爱，热烈、执著、专一，而且要求对方也同样执著和专一；另一面是从小接受的封建伦理教育，使她对爱情怀着罪恶感，从来不敢直白地道出。她的悲剧不仅表现为外界对她的冷酷无情的压迫，而且表现为灵魂内部的冲突以及由此带来的深深的痛苦。她被外界的压迫摧毁了，而在灵魂内部的斗争中却最终赢得了胜利。《红楼梦》第九十六至第九十八那几回，是悲剧文学中最凄绝动人的篇章，记录了这位悲剧主人公最后时刻的抗争——

> ……只见黛玉颜色雪白，身子恍恍荡荡的，眼睛也直直的，在那里东转西转。……“姑娘怎么又回去？是要往那里去？”黛玉也只模糊听见，随口应道：“我问问宝玉去！”

宝玉娶亲的消息，迅雷一般击在她的心上。她被击垮了，迷乱了，然而就在迷乱之中，真情战胜了虚伪的礼仪，她要面对面地“问问宝玉去”！

> 那黛玉也就站起来，瞅着宝玉只管笑，只管点头儿……

这是凄惨的笑？悲愤的笑？幻想破灭的笑？爱恨交织的笑？……世上没有什么笑能比黛玉这一笑内涵更丰富了。

> ……黛玉接到手里，也不瞧诗，扎挣着伸出那只手来狠命的撕那绢子，却是只有打颤的分儿，那里撕得动……黛玉这才将方才的绢子拿在手中，瞅着那火点点头儿，往上一撂……回手又把那诗稿拿起来……撂在火上……

诗稿，是她爱情的结晶。焚稿，便是对自己痴情的否定。她的愤恨是对着宝玉的，因为以她的善良，不能想象会有那样丑恶的“掉包计”。她和宝玉都被骗局埋葬了。她的爱情却以美丽的光芒照亮了读者的心。

悲剧性格是悲剧的灵魂，但悲剧性格必定在悲剧环境中形成。

所谓悲剧环境，无非是指悲剧人物所生活的、形成其悲剧性格并造成其悲剧结局的特定环境。这一环境，既包括人物生长的社会历史土壤，也包括人物周围的具体环境。由于审美感受的直觉性，人们欣赏文艺作品往往并不通过抽象的推理，而是凭着社会理智因素在感觉中的长期积淀，一下子就受到感染，领略到美。因此，高明的作家在描写悲剧环境时决不像教科书那样做抽象的介绍和说明，而是致力于气氛的渲染，使人披读之下，立即感受到一种弥漫周遭的浓重的悲剧气氛，仿佛自己也置身在那悲剧环境里。

黛玉之死的悲剧效果，便同气氛的渲染分不开。高鹗是有才华的。他不是光从正面去描写潇湘馆“竹梢风动，月影移墙”的冷清凄悲，而是刻意把黛玉之死与宝玉成亲安排在同一个时辰。死亡的场景与喜庆的场面电影般交错出现。于是，潇湘馆的气氛在热闹喜事的反衬下显得格外悲凉了。过去口口声声“最疼”外孙女的贾母，这时显了原形，一心扑到“新人”身边去了。所有的人连同黛玉的丫鬟雪雁也都被拉去参加那滑稽的婚礼。这边只剩下忠心耿耿的紫鹃和寡妇李纨，而黛玉就在那依稀可闻的喜乐声中孤独地死去。

这种手法，在后人的小说中也有运用。如鲁迅的《祝福》，就让悲剧主角死在年终“祝福”的时刻。爆竹声毕毕剥剥地响着，人们都在杀鸡，宰鹅，买猪肉，准备迎接“福神”。就在这一片喜气中，已经沦为乞丐的祥林嫂死了，死在雪花飞舞的夜里。小说的结尾是人所熟知的：

> ……只觉得天地圣众歆享了牲醴和香烟，都醉醺醺的在空中蹒跚，豫备给鲁镇的人们以无限的幸福。

这是深刻的讽刺，也是对悲剧的绝妙的反衬。

悲剧气氛，有时还可借助神异的境界创造出来。古希腊悲剧中，往往都有一种超自然的气氛，那是由一道神谕，或一个预言带来的，增添了悲剧的神秘感和不可避免感。莎士比亚的某些悲剧中，也出现女巫、鬼魂，出现骇人的自然现象。只需翻翻李尔王发疯前那一段对荒野上暴风雨的描写，就可看到作者是怎样用狂猛罕见的自然界的风暴烘托了悲剧主人公心灵的风暴。那么，在科学昌明的现代，面对不信鬼神的观众和读者，悲剧性作品是否仍然可以借助“鬼魂”来创造一种超自然的气氛呢？我看，问题不在可否，而在如何。1981年深秋的一天，我同姚雪垠在武汉东湖边散步，不知怎么谈起《哈姆莱特》中的鬼魂、《麦克白斯》中的女巫。他忽然停下来。

“我在第五卷里，也要让‘鬼魂’出现。”他用一种期待的微笑望着我，显然希望看到自己的构思发生效力，“崇祯死前，宫中要闹‘鬼’。李自成死前，九宫山的树林中也要这里那里出现一些‘鬼影’。不过要给予科学的解释，把它说成是人在神志不清时产生的幻觉。”

后来，他又告诉我，崇祯亡国前的浓厚悲剧气氛，已在构思中具体化了。它包括长陵出现的鬼影、太庙的鬼哭、英华殿九莲菩萨的叹息声……虽都出于太监、宫女的幻觉，却被认为是亡国之兆。

这个尝试的效果如何，得看出版后的作品了。

5 谐谑之美

XIE XUE ZHI MEI

谐者，诙谐也；谑者，戏谑也。诙谐戏谑，是一种愉快的风格，一种轻松活泼的境界。喜剧性作品中，它是必不可少的主菜。正剧性、悲剧性作品中，它也可以是盛筵中的一只冷盘，一道甜食。

谐谑，一定引人发笑。不逗乐、不好笑的，不配称为谐谑之美。引人发笑的，是否都具谐谑之美呢？也不尽然。

笑，可以有种种：皮相的笑与会心的笑；幽默的笑与讽刺的笑；快意的笑与含泪的笑……

皮相的笑浅薄而短暂。小丑登台，做几个滑稽动作，当然可博一笑，但事后很快被人忘却，即便回想起来，也多半不会再笑。文艺作品，倘亦追求这种效果，在我看来，就不是正格的喜剧，也称不上谐谑之美。法国电影《疯狂的贵族》、《虎口脱险》，我看时笑得勉强，就因为皮相的笑料有余，而真正的喜剧性不足。

相比之下，同属法国的雷内·克莱尔的作品，就要深刻得多，它引起的乃是一种会心的、可以再三回味的笑。中国电影出版社曾出了他的选集，集中包括《沉默是黄金》、《魔鬼的美》、《夜来香》、

《大演习》、《百合门》五个剧本。几乎每个本子，读来都使你捧腹之余，若有会意。譬如《夜来香》，写一个名叫克劳德的音乐家，白天永远穷愁潦倒；可是一到夜晚，进入梦乡，生活就向他发出妩媚的微笑。事业，爱情，种种好运接踵而至，以致他宁可长睡不醒，不愿回到现实世界中来。作品的笑料备极丰富，作者在前言中也声称“我们只想极力使您愉快”，然而，“愉快”之中，不是蕴涵着发人深思的题旨吗?!

对于喜剧，对于笑，历来人们已做过许多探讨。鲁迅说:“喜剧将那无价值的撕破给人看。”（《再论雷峰塔的倒掉》）喜剧所否定的是丑的无价值的东西，这说法无疑很正确。它又为什么会令人发笑呢？这是因为在喜剧中，丑力图炫耀为美，无价值力图装得有价值，结果被戳穿，被撕破，于是笑料产生。《夜来香》中，音乐家的穷愁潦倒并不可笑，只有当他设法遮住裤子上的破洞，掩盖自己的贫穷，并且总是梦见自己交了好运时才显得好笑。鲁迅笔下的高尔础、四铭都是灵魂肮脏的人，但灵魂肮脏也不可笑。只有当高老夫子不学无术而偏要装成饱学，四铭嘴里骂着女学生，心里却想着“咯吱咯吱”的时候，他们才显得不但可鄙而且可笑。所以，喜剧的要义就是要写出人物的装佯，同时予以揭穿。

达到这一要求，作品便产生了谐谑之美，便能引起会心的微笑。

笑，可以是幽默的，也可以是讽刺的。莎士比亚的喜剧，愉快、活泼、充满对生活的信心，引起的是幽默的笑。莫里哀的喜剧惟妙惟肖地画出伪君子、吝啬鬼等等人物的丑态，引起的是讽刺的笑。契诃夫早期的小说，也以幽默著称。他的《艺术品》，写一个医生收到病人赠送的一个铜烛台。烛台座上站着两个裸体的女性……医生犹豫了，将它赠送给一位律师。律师很高兴，“细细看那烛台……”，然而终于没有勇气留着，又转送给一个演员。演员大欣赏了一通，但也不好意思放在房里，只好卖掉。两天后，烛台重新被病人买到，他兴冲冲地抱到医生诊所来，说：“您运气好，我们总算给您的烛台配成对了！”故事很可笑，它以速写的笔触勾画出几个人物在一件小事上的矛盾心理。然而作者的态度又很宽容，并不刺痛什么人。这就是幽默的笑。当然，《艺术品》的社会意义是不深的。比较而言，《小公务员的死》、《变色龙》、《普里希别叶夫中士》等名篇，虽亦属早期作品，其批判的锋芒就犀利得多，不但使人发笑，而且引人深思，实际上已从幽默迈向讽刺。

美国的马克·吐温是世所公认的讽刺大师。他早年也写轻松幽默的小说，但其中已时见芒刺。他的手法是常常以一个天真老实或滑稽可笑的形象出现在作品中，通过“我”的行事和遭遇来暴露社会的黑暗。譬如，《竞选州长》中，“我”参加纽约州州长竞选。他本来声望很好，不料竞选刚开始，对方控制的报纸就接二连三地向他发动攻击，层出不穷的造谣诬蔑很快将他压垮。他正试图辩护，最后的打击来到了：“九个刚学走路的小孩子，包括各种肤色，带着各种穷形怪相，被教唆着在一个公开的集会上闯到讲台上来，抱住我的腿，叫我爸爸！”

“我”不得不发表放弃竞选的声明。声明结尾，署了这样的下款：

> “你的忠实的朋友——从前是个正派人，可是现在成了伪证犯、小偷、盗尸犯、酒疯子、舞弊分子和讹诈专家的马克·吐温。”

《我怎样编辑农业报》是作者的又一个名篇。如果说，别的作品只是让你窃窃私笑，这个短篇就会让你忍不住哈哈大笑起来。小说中，毫无农业常识的“我”担任了《农业报》的临时编辑，从此报上出现了各种各样的奇谈怪论：

“萝卜不要用手拔，以免损害。最好是叫一个小孩子爬上去，把树摇一摇。”

“……农人最好是在七月里开始把麦秸插上，同时将荞麦饼种下，而不宜迟到八月间才种。”

“……南瓜是柑桔科中惟一能在北方繁殖的蔬菜……”

“现在暖和的天气快到了，公鹅已开始产卵——”

“……牛换羽毛的季节……”

“我”终于被撤职了。但“我”并不服气，因为，当时一些剧评家、书评家，一些就财政问题和战争问题大发议论的人，其专业知识并不比“我”的农业知识强，何况《农业报》在“我”编辑期间销数还有了上升！

诚然，这篇小说的讽刺是极度夸张的，然而，谁能说，它的夸张中不包含着某种可怕的真实呢？

我国清代的吴敬梓也是一位讽刺大家，他的《儒林外史》可与任何世界讽刺名作并列而绝无逊色。他不像马克·吐温那样爱夸张，而喜欢不动声色地拿着一面镜子，照出儒林人物的种种丑相。这班“儒生”登场时往往很体面，有的自炫博学，有的自许孝悌，有的自称交游如何如何广，几乎个个都吹牛不打稿子，但转眼间就会伪装剥落，显出原形。

譬如——

严贡生刚刚夸完自己“为人率直，在乡里之间，从不晓得占人寸丝半粟的便宜”，立刻就有小厮禀报：人家来讨被他早上关住的那口猪了……

匡超人胡吹自己编的八股文选本如何畅销，结果说出这么一番话:“此五省读书的人，家家隆重的是小弟，都在书案上，香火蜡烛，供着‘先儒匡子之神位’。”原来他连“先儒”的意思都不明白!

牛玉圃正把王义安作为“常在衙门里共事”的体面朋友向牛浦郎介绍，马上有两个秀才上来扭打这个王义安。原来他竟是开妓院的乌龟，冒穿了秀才的服式……

杜慎卿一面物色美妾，一面说:“……妇人哪有一个好的？小弟性情，是和妇人隔着三间屋就闻见她的臭气!”

此类例子几乎在小说的每回每页中都可看到。由于吴敬梓本人熟悉那个圈子，所以写来无不形神毕肖。他无须直接指出每个人的可笑之处，只是让他们活灵活现地一一从读者眼前走过，其言行便自然构成了一幅幅活动的漫画，令我们忍俊不禁。正是在这些地方，小说远远胜过它之前和之后的作品。难怪鲁迅说，“……讽刺小说从《儒林外史》而后，就可以谓之绝响。”

幽默与讽刺都具有谐谑之美，都可使人发笑。不同的是，幽默不带刺，而讽刺必然带刺。一部小说，既可运用幽默，也可运用讽刺，也可两者兼用。但无论幽默还是讽刺，都应有一定的社会意义，有是非感。契诃夫于1899年准备出版文集时，割弃了许多早年以“契洪捷”笔名发表的幽默之作，就因为那些作品的趣味不高，意义不大。他说:“契洪捷可能写过许多为契诃夫所不取的东西。”(转引自布罗茨基主编的《俄国文学史》)鲁迅当年反对林语堂式的打诨，批评金圣叹将“屠夫的凶残”“化为一笑”，则是因为那笑声中没有是非感。

写到这里，我忽然想起梅瑞狄斯的一番议论：

> ……当我们碰到“穷亲眷”那类例子时，真正具有喜剧性的倒是那些被他们弄得茫无所措的有钱人；如果只笑那些“穷亲眷”，而看不出那些有钱人也是喜剧人物，这只会显示一个人的眼光迟钝。(《喜剧的观念及喜剧精神的效用》)

我想，只要细细品味一下《红楼梦》中刘姥姥进大观园的故事，便会发觉，喜剧性的确并不仅仅体现在刘姥姥身上。一批百无聊赖的太太、小姐，因为来了一个知趣的穷亲戚，就那样开心，那样兴奋；对方是有意迎合，而她们竟未察觉；其灵魂的空虚和愚蠢难道不可笑吗?!

由此可见曹雪芹之深刻。而一切作家作品，当运用幽默和讽刺时，怕都不可避免地要碰到一个笑什么的问题。萧伯纳的笑，是直刺剥削阶级的绅士淑女的。曹禺的《日出》，那笑的锋芒也不指向畏畏缩缩的小东西和黄省三，而毫不容情地指向潘四爷、顾八奶奶、张乔治之流。说明他们都有鲜明的是非感。老舍毕生写过许多幽默作品，我读得虽少，但看了吴组缃先生为《老舍幽默文集》作的序，就知道他也很富于同情心和是非感。他讲的“乡下人进城”的笑话，听了反使人感到乡下人诚朴可敬，而城里的掌柜可恶。这就与那些丑化劳动人民的笑话格调迥异了。

笑，总是快意的。幽默的笑，轻松愉快。讽刺的笑，在被刺者或不舒服，但在作者和别的读者，则十分痛快。如果说，悲剧之所以悲，是因为丑暂时压倒了美；那么，喜剧之所以喜，是因为丑被揭露和否定了。——因此，笑是快活的。

然而也有含泪的笑。笑声中，喜剧与悲剧同时出现，谐谑之美与悲怆之美交辉在一起。这类作品的主人公往往是可笑而不可恶的不幸者。他身上那丑的无价值的东西令我们发笑，而他遭遇的凄凉、前途的无望又令我们悲哀。如果戈理的作品便总在戏谑的语言中饱含着同情的眼泪。他的《外套》，写一个彼得堡的九等文官，官俸微薄。当自己的旧外套破得无法御寒，也无法修补时，他省吃俭用，好不容易置了一件新外套。新衣上身的那天，他是那样高兴，“怀着过节般的心情向前走去，”“一分一秒都感觉到他的肩膀上有一件新外套，有几次甚至由于内心的愉快笑了起来。”不幸的是当天夜晚外套就在路上被人剥掉了。这个打击很快送了小官员的命……小说笔调诙谐，语含讽刺。我们开始读着，觉得十分好笑；再读下去，转入沉思；读到结尾，便再也笑不出来。所以，正像别林斯基说的：果戈理的“全部中篇小说都是这样：开始可笑，后来悲伤!我们的生活也是这样：开始可笑，后来悲伤!这里有着多少诗，多少哲学，多少真实”。(《论俄国中篇小说和果戈理君的中篇小说》)

同样的特点也表现在契诃夫和鲁迅的小说中。契诃夫愈到后期，阅世愈深，作品中悲喜交织的特色也愈重。而鲁迅生活在黑暗的旧中国，当他的笔锋指向赵太爷、假洋鬼子时，是不留情面的。

可是当他写到阿Q的“总算被儿子打了”，写到孔乙己的“君子固穷……”时，笑声中就夹着悲哀，夹着嗟叹，夹着对社会的愤怒了。这类作品，与其说是喜剧，不如说是悲喜剧或喜悲剧。

谐谑之美是喜剧性作品的主要形态；笑是喜剧性作品的主要效果。但是，正剧性和悲剧性作品中，也无妨有谐谑的场面倏然出现，快意的笑声荡漾其间。特别对于长篇巨制来说，尽管主题庄严、悲壮，倘若没有一二喜剧形象出场表演，气氛就不免过于肃穆，色彩也显得过于单调。

譬如托尔斯泰的三大长篇均非喜剧性作品，但中间却不乏讽刺的笔墨，谐谑的场景。《战争与和平》中，每逢瓦西利公爵家的人出场，作者笔下就辛辣起来，特别是对瓦西利本人刻画得入木三分。当别素号夫伯爵临终之际，他阴谋夺取彼埃尔的巨大遗产。一旦后者成为合法继承人，他又立刻改变方针，要把女儿嫁给他。甚至后者还未决心求婚，他就突然闯到两人面前，一手抱着彼埃尔，一手抱着女儿，说：“我的内人向我说了一切！”“……上帝保佑你们!……”就这样，一个官场中的体面人物，用厚颜无耻的表演促成了女儿的婚事。《复活》中，这类人物更多。尤其是当聂赫留朵夫为营救玛丝洛娃来到彼得堡时，他所拜访的达官贵人几乎无不外表高贵，内心龌龊。在一个沙龙里，人们装作虔诚地听一个英国人讲道，忽而流着虚假的眼泪，忽而破涕为笑，其实讲者听者都不过是在演戏。又有一位漂亮的将军夫人，一定要聂赫留朵夫到戏院中她的包厢来，说有要事相告，而实际上“只不过想在他面前显一显她穿着那身豪华的晚礼服，露出肩膀和小痣，有多么漂亮罢了”。后来聂赫留朵夫把她和一个妓女做比较，认为两者非常相似。唯一的区别是：

一个是坦白地勾引，一个却装作没有那些念头；一个至少老老实实，一个却是作假；一个是为生活所迫，一个却是为了满足可耻的情欲；一个如同混浊的死水，一个却如同毒药……

这就是托尔斯泰的讽刺，其辛辣尖锐不下于马克·吐温和果戈理。只是，由于作者把讽刺融化在现实主义的卓越描绘里，没有故意夸张，也没有故意采用滑稽的笔调，所以读来就更加觉得自然、真切。

6 素朴之美

SU PU ZHI MEI

每逢有人问我：什么是华艳？什么是素朴？我总喜欢从游园谈起——

走进颐和园，多数人都惯于向右拐，随着人流拥进雕梁画栋的长廊，一直来到金碧辉煌的万寿山排云殿。此时举目所见，皆为华艳之美。可是，倘若我们有意往左拐，沿着人迹罕至的小路漫步而去，到了园东再一回首，万寿山就变得较为普通了，刺眼的皇家气派由于相距渐远而渐觉朦胧。这时拣一块柳荫坐下，便可看到一汪湖水正在眼前波光明灭；绿云般的荷叶从湖心一径抹去，抹向对岸，抹向天际；远远地，几朵小而白的荷花在微风中轻轻点头……显然，这里别有一种美在，那便是素朴之美。

“看来，你是更欣赏素朴之美的啰？”听者往往这样问我。

是的，我更欣赏素朴之美。观国画展，虽也爱看工笔重彩，但最使我流连的总是那淡雅的水墨写意。诵六朝诗，最倾倒的是“文体省净，殆无长语”的陶潜，而对“铺锦列绣，雕缋满眼”的颜延之，则兴趣不大。读小说，也喜欢语言素朴、描写自然的作品。我以为，真正美的作品如同真美人，是不需要浓妆艳抹的。唐诗有云：

“虢国夫人承主恩，平明骑马入宫门。却嫌脂粉污颜色，淡扫蛾眉朝至尊。”一部美的作品也应在“淡扫蛾眉”中表现自己的天生丽质。

高尔基说过，他年轻时候，读到福楼拜的短篇《一颗单纯的心》，发现福氏的用语极为普通，无非是“一些我所熟悉的简单的话”。奇怪的是，这些话语一旦“被别人放到描写一个厨娘的‘没有趣味’的一生的小说里去以后”，立刻产生了魔力，令读者激动不已。高尔基说：“我不是捏造，曾经有好几次，我像野人似的，机械地把书页对着光亮反复细看，仿佛想从字里行间找到猜透魔术的方法。”当然，福楼拜并没有什么魔术，他的手段其实与虢国夫人相仿，不过是用“淡妆”展示了作品内在的美。

素朴之美就是一种内在的本色的美。记得古罗马美学家朗吉弩斯有句警语：“美的文词就是思想的光辉。”我想，对于小说来说，美的文词就是形象的光辉。任何语言和手法只有当它符合形象塑造的需要时，才能引起美感。如果形象是缺乏血肉的、概念化的，那么，不论堆砌多少华丽的词藻，采用多少高明的手法，都无济于事。正如《日出》中顾八奶奶脸上的脂粉经不起细看，外在的修饰也许能使作品一时看去五光十色，却绝对经不住读者的细加玩索。

怎样才能创造素朴之美呢？我以为，素朴的奥秘全在于自然。借用王国维的话来说，便是要“以自然之眼观物，以自然之舌言情”。换句话说：描写事物要自然，抒发感情也要自然。主张自然，并不是反对精雕细刻；而是指，虽然经过刻意经营，却丝毫不露斧凿痕迹。福楼拜是有这种本事的。他一贯重视用词造句的正确性，甚至每写一句话都要高声朗读不知多少遍，改了又改，直到满意方才罢休；然而呈现在读者面前的作品异常自然素朴。为高尔基所称道的《一颗单纯的心》，读来正如它的题目一般单纯，看不出有什么惊人之笔，但确有一种神力，使你读后，不能不深深地同情菲丽希特——那善良淳朴的女主人公。

譬如，她非常爱主人家的小姐，也非常爱自己在海船上当水手的外甥。一次，奥般太太因为四天没有接到女儿来信急得在客堂内走来走去，菲丽希特便想用自己做个比方来安慰太太——

> “我，太太，您瞧，六个月了没有消息！……”
>
> “谁的消息？……”
>
> 女佣人柔声答道：“啊呀！……我外甥的消息呀！”
>
> “哦！你的外甥！”奥般太太耸了耸肩膀，又重新踱了起来。这意思就是说：“我根本连想也没有想到！……再说，我才不管这些哩！一个小水手，一个穷鬼，那算什么东西！……可是，我的姑娘！……你倒想想看！……”

这是普通到不能再普通的对话，却如此生动地传达出了两人的不同性格，如此真实地反映出了那个时代的主仆关系。

在写景、叙事、刻画心理方面，福楼拜也表现出深厚的功力。他显然对事物做过细致的观察，为寻求适当的词汇、适当的比喻付出过艰苦的劳动，但乍一看去，又很平常。譬如他写菲丽希特送外甥出海，寥寥几句海景，便含有不尽的离情别绪：

> ……帆转了个方向，船上的人一个也看不见了；——月光照着海水，银海似的一片，船仿佛只黑黑的一点，愈来愈淡，愈走愈远，最后，没了影儿。

又如，他的名著《包法利夫人》中，有一段写女主人公与罗道耳弗密约幽会后归途中的恐怖心情，也可谓“成如容易却艰辛”：

> 她静听着脚步声、叫喊声和铁犁的声音；她站住了，她的脸色比在她头上摇摆的白杨树叶更为惨白，浑身比树叶哆嗦得更为厉害。

这里的比喻，随便得仿佛是信手拈来，俯拾即得，然而却那样贴切和不可移易，这不由使我想起了作家本人的一句座右铭：“只有你精确地知道了你所想说的，你才说得好。”

中国古典小说在追求自然、走向素朴方面似乎得天独厚，因为它由话本发展而来，它的对象最初是“听众”而非“读者”。为了让人听懂，必须明白如话。无论是长篇的《水浒传》、《西游记》、《红楼梦》，还是短篇的“三言”、“二拍”，读来都毫无雕琢之感。这些小说也有其华艳之处。如穿插在情节中的诗、词、赞语，以及长篇中对仗工整的回目等，都流露着文人润色加工的痕迹。然而大多数读者对此都不甚留意，吸引他们的永远是那用素朴的语言描述出来的人物和故事。

去年，我在杂志上读到几篇以冬天为背景的小说，内有不少关于雪景的描写，想象很丰富，文词也很华美，但不知怎么，总觉得形容过多，不够自然，譬如把雪花比为“无声的轻音乐”等等，似乎与事物的本来面目隔了一层。相形之下，《水浒传》中“林教头风雪山神庙”、“林冲雪夜上梁山”对雪景的描绘就自然得多，素朴得多。“风雪山神庙”在林冲性格的塑造上是关键的一笔。这之前，他是一个逆来顺受的“顺民”；现在，他开始杀人，变成了一个叛逆者。

作者将这一转变放在大雪纷飞的季节，不仅出于情节的需要（如果不是下雪，他会被烧死在草料场），而且在背景的渲染上也便于创造出一种悲壮的气氛。倘若换了别的作者，或许会有大段大段关于雪景的铺写和描绘，然而《水浒传》的作者却不，他只是伴随着林冲的活动若不经意地随时点染几笔：

……林冲自来天王堂，取了包裹，带了尖刀，拿了条花枪，与差拨一同辞了管营，两个取路投草料场来。正是严冬天气，彤云密布，朔风渐起，却早纷纷扬扬卷下一天大雪来……

……出到大门首，把两扇草场门反拽上锁了，带了钥匙，信步投东，雪地里踏着碎琼乱玉，迤逦背着北风而行。那雪正下得紧……

……把花枪挑着酒葫芦，怀内揣了牛肉，叫声“相扰”，便出篱笆门，仍旧迎着朔风回来，看那雪到晚越下得紧了……[1]

在上述描写中，没有任何惊人的词藻，也没有任何特别的手法，却画出了一幅既有人又有景、情景交融的风雪图。“雪夜上梁山”中对于雪景的描绘与“风雪山神庙”同样简单而富有层次。它先写林冲来到水泊时“远远望见枕溪靠湖，一个酒店被雪漫漫地压着”，后来又写林冲进店后，见到一条大汉（即朱贵）“背叉着手出来门前看雪”，“只把头来仰着看雪”。这里，也是既写雪，又写人。雪，烘托了人的精神气质；人，又点缀了雪景并给整个画面带来了生意。

描写事物要自然，抒发感情更要自然，忸怩作态、无病呻吟的作品不可能引起美感。王国维的《人间词话》十分强调“真”字。他说：“词人者，不失其赤子之心者也。”又认为，《古诗十九首》中“荡子行不归，空床难独守”，“何不策高足，先据要路津”这样的诗句，所以不被视为“淫词、鄙词”，就因为它“真”。我并不完全赞同王国维的观点，但我认为，要“以自然之舌言情”，就必须言的是真情。真情的流露总是很自然的，因而也是很素朴的，但却最能激起读者心中情感的波涛。《红楼梦》中的“林黛玉焚稿断痴情”为什么催人泪下？就因为它抒发的是一片纯真的感情。鸳鸯蝴蝶派的小说为什么大都不能感人？就因为它假。读《基度山伯爵》，碰到惊险、诡谲或勾心斗角的场面，都很读得下去；唯独那“纯真”的恋爱场面，读了令人难受，就因为它实际上也很做作。看来大仲马在这个领域不如他的儿子那样得心应手。

谈起抒情的真挚，我总不由想起屠格涅夫，想起他那脍炙人口的长篇和中篇。我特别喜欢他的《贵族之家》，尽管每次读完都很难过，可还是愿意一次一次地读它。它的结尾好似一支无言的挽歌，简单、素朴，然而情真意挚：

> “这就完了么？”不满足的读者也许要问，“拉夫列茨基怎样了呢？还有丽莎呢？”可是，对于仍然活着，却已经退出了人间舞台的人，我们能说什么呢？我们为什么还要提起他们呢？据说，拉夫列茨基曾经拜访过丽莎所隐身的那个遥远的修道院——并且见到了她。当她从一个歌唱席走到另一个歌唱席的时候，她曾经从他底身边经过——用着沉默的、然而轻捷的修道女底步态，她一直向前走去，一

眼也不曾望他；只是她底睫毛却几乎不可见地起着战栗，她底消瘦的面颜也更为向下低垂，而她底绕着念珠的、紧握着的手底手指，也互相握持得更紧。他们两人所思想的是什么，所感觉的是什么呢？谁知道？谁能说？……

是的，作者对于拉夫列茨基和丽莎当时所思想的、所感觉的究竟是什么，一句都没有说，可是我们却分明感到有一股悲哀的潜流正呜咽着从男女主人公的心头滚过。这是一种超乎言表的悲哀。而这种写法对读者的感染远远胜过了许多用夸张笔法描述出来的大恸大哭的场面。

提倡素朴与自然，并不是完全否定华艳与装饰。正如素朴不等于枯槁，华艳也不等于浮靡。不过，如对两者进行比较，则素朴代表着一种更高的美学理想和标准。按照宗白华先生的见解，在我国美学史上，历来存在着"芙蓉出水"和"镂金错采"两种不同的美学理想；而自从六朝以来，人们就把"芙蓉出水"看得比"镂金错采"更高。换而言之，也就是把素朴看得比华艳更美。

我是很赞同这个观点的。同时我发觉，不但在美学史上，人们是到了一定阶段才会对素朴之美有更高的评价，而且就一个人来说，往往也是到了一定的年龄，有了一定的经历和修养，才更深地领略到素朴之美。小孩子大都喜欢华艳。童话中的"灰姑娘"，原来很不起眼，必定要披上华丽的服装，穿上闪闪发光的水晶鞋，而后才觉姿色照人，这既出于表达主题的需要，也很适合儿童的审美心理。就作家而论，不少人也是年轻时候趋向华艳，随着创作的成熟，才逐渐趋向素朴。《金蔷薇》的作者巴乌斯托夫斯基就曾以亲切的口吻谈起自己初学写作时那些五彩缤纷然而不知所云的诗。我国清代著名诗人黄仲则也是中年之后才决然弃绝“铅华”，走向素朴。他有两句诗:“结束铅华归少作，屏除丝竹入中年。”大词人辛弃疾在一首《采桑子》中说得更好。他说自己“少时不识愁滋味，爱上层楼，爱上层楼，为赋新词强说愁。”既是“强说愁”，可见是不真、不自然、也不素朴的。等到“老来识尽愁滋味”，却“欲说还休，欲说还休”了，这“欲说还休”表明他已实现了由矫揉造作到自然素朴的转变。

那么，有没有人是在青少年时代就崇尚素朴的呢？当然有的。鲁迅早年就写过一首《莲蓬人》，我觉得那首诗既可理解为是对一种人格的追求，也可理解为是一种美学理想的表白。其中有这么一联，似乎已经道尽了素朴之美的真谛：

扫除腻粉呈风骨，褪却红衣学淡妆。

注释

[1] 此文所引“林教头风雪山神庙”和“林冲雪夜上梁山”的文字，均以金批“第五才子书”为本，因为正是金圣叹砍掉了所有冗繁的诗、词、赞语，使《水浒传》变得干净朴素了。

7 入俗之美

RU SU ZHI MEI

“俗”有多种含义。

它可以指俗气、俗套、各种庸俗的趣味。艺术一旦陷入这个俗字，一定不高级。其时，有出息的艺术家便要脱俗和拔俗。

它也可以指通俗。郑振铎的《中国俗文学史》，开宗明义第一段话就谈道:“何谓‘俗文学’？‘俗文学’就是通俗的文学，就是民间的文学，也就是大众的文学。换一句话，所谓俗文学就是不登大雅之堂，不为学士大夫所重视，而流行于民间，成为大众所嗜好，所喜悦的东西。”

按照郑振铎的分类，中国古典白话小说似均可归入“俗文学”一类。因为它产生于民间，生来就是为大众（主要是为市民）服务的，并不曾梦想进入以诗和散文为主体的“正统”文学的殿堂。它甚至连作者都很难确定：一部小说往往是在民间流传了很久，才由文人加工定型。它的确是俗而又俗的东西。

那么，是否通俗小说都具有入俗之美呢？

并不。因为，通俗与庸俗虽非一件事，但毋庸讳饰，文学史上的不少通俗作品的确带有低级趣味、庸俗成分。而低级、庸俗与美是绝缘的。

是否唯有通俗小说才可能具备入俗之美呢?

也不。因为,“五四”以来,随着对外国文学的吸收与借鉴,小说从内容到形式都发生了根本的改变。新型的小说头上没有“俗文学”的帽子,却是现当代文学的主干,现当代小说的主流。岂能说它一概不具入俗之美?

写到这里,便想起“俗”的又一种含义,即“入乡随俗”之“俗”。这个“俗”通常指风俗,也就是指一种因自然条件不同、社会环境不同而形成的具有民族色彩、地方色彩的风尚与习俗。文艺也需要入“乡”随“俗”。从一块民族土壤(乡)上生长起来的文艺,需要具有特定的民族色彩、民族风格、民族气派(俗)。从内容说,它需要反映本民族的生活特点。从形式说,它需要采用本民族喜闻乐见的形式。从美感角度说,它需要符合本民族的审美习惯。文艺一旦表现了这个“俗”字,必然产生特殊魅力。不论音乐、绘画、文学,也不论新型小说或通俗小说,只要表现了这个“俗”字,便会使本乡本土的人闻之见之起异常亲切之感,而令他乡他土的人也品尝到新鲜的异国情调、异乡风味。

这才是真正的入俗之美。

入俗之美非常迷人。19世纪被称为民族乐派的俄国的强力集团、挪威的格里格、芬兰的西贝柳斯、捷克的斯美塔那的乐曲,为什么那样深深地打动了本国人民?就因为具有强烈的民族色彩、浓厚的入俗之美。人们听鲍罗廷的《在中亚细亚草原上》,可以清晰地感觉到驮着货物的商队在俄罗斯土地上行进;听格里格的钢琴抒情小品,可以明显地呼吸到北欧生活的气息。这样的美,在听者心中引起的震颤简直难以形容。而且,这种美的震颤不会随着时间的流逝、空间的阻隔而减弱，相反，会历久常新，弥远弥佳。杜甫诗云：“寺忆曾游处，桥怜再渡时。”这是说，美的事物在回忆中、在久别重逢时变得愈加美丽了。同样，一个人在异国他乡，在多少年之后，忽然听到自己熟悉的民族音乐，观赏到自己热爱的传统绘画，其激动之情怕是较之常住国内的人有过之而无不及的。

入俗之美可以表现在一切种类的艺术中，只是种类不同，表现也不同。这里只谈小说。小说是一种特殊的叙事文学。它的特点之一是宜于细致地刻画人物的性格和心理，描绘人物活动的环境。在再现生活的种种复杂内容方面，为他种艺术所望尘莫及。与这一特点相联系，小说的入俗之美就表现在它往往能以生动真切的笔墨，塑造出富于民族特色的人物，展现出充满民族特征的社会风俗画。

人物的民族特色可以表现在种种方面，既表现于他的服装和外貌，更表现于他的心理和行为。雨果笔下的小珂赛特，刚出场时“身上只有一件布满了窟窿的布衣，绝无一寸毛织物”（《悲惨世界》），单单这一句话，就把我们的联想引向了欧洲，因为那个年代，中国人还不知何为“毛织物”。同样，巴金笔下的枚少爷，既然套着一件宽大的不合身的袍褂，“两只手被长的袖管遮掩着，一个瘦小的头在马褂上面微微地摆动”（《春》），我们脑际浮现的便只能是一个黄皮肤的旧中国青年了。这似乎是常识问题，但也并非所有的作家写来都绝无差错。特别是当代作家写解放前、写北伐前、写清末民初的生活，并不是想当然地就能知道当时的民族服饰的。有些作品随便地把西装革履套在上一世纪的人身上，把袒胸露臂的纱衣披在清代妓女身上，不唯细节失真，而且损害了人物的民族风貌。

至于外貌的民族特征，说来好像很简单，要写得独特，又谈何容易。高明的作家，描绘人物肖像，总是在刻画那反映性格的独特外表的同时，自然而然地显示出他的民族特征。反过来说，民族特征也只有通过个人特征表现出来，才成为艺术，才具有生命力。老舍为骆驼祥子画像，并没有特地指出他是中国的人力车夫，但那质朴的外表，"没有什么模样"的模样，特别是那"小时候在树下睡觉，被驴啃了一口"而在脸上留下的伤疤，都只能使我们想起中国北方的农民，而不会想到西洋工人身上去。也有些作品，故意指出人物的民族、血统，那多半是出于性格塑造的需要。譬如美国小说《飘》，在描写女主人公郝思嘉迷人的外貌时，就特别强调她的母亲是法兰西血统的海滨贵族，父亲则是爱尔兰人。为什么呢？因为她的魅力正来源于遗传质地的不调和：母亲给她娇柔，父亲给她豪爽。她竭力模仿母亲那大家闺秀端庄温和的仪态，但性情却更受父亲的影响。表面的矜持掩饰不了骚动不宁、慧黠多端的内心……也许，作者对法兰西血统和爱尔兰血统的形容尚欠准确，对遗传学的理解尚可商榷；但应当说，这种通过一个人物来反映两种民族特征、又通过两种民族特征来塑造一个人物的构思十分独特而且富于才气。

心理和行为的描写，较之服饰和外貌，自然远为重要。有些问题，我将在《神肖之美》中涉及。这里可以指出的是，但凡具有入俗之美的作品，其人物的心理和行为必然带有民族特性，这样才能让人感到亲切，感到可信。《儒林外史》中，胡屠户打了女婿一个巴掌，马上后悔起来。作者怎样写他的心情呢？

> ……不觉那只手隐隐的疼将起来……自己心里懊恼道："果然天上文曲星是打不得的，而今菩萨计较起来了。"想一想，更疼的狠了，连忙问郎中讨了个膏药贴着。

显然，这里的心理和行为都是典型中国式的。文字很简练，我们却想不出有什么更好的描写来代替它。这只是一个小小的例子。其实，凡属人们常有的心理，不论热恋还是失恋，欢愉还是痛苦，镇定还是慌乱，宽容还是忌恨，笃信还是怀疑……也不论与心理相适应的行为是如何多种多样，总会或隐或显、或深或浅地反映出一种民族特征。如果毫无特征，或者写的是中国的绿林英雄，却依稀有罗宾汉的影子，写的是中国的痴男怨女，却仿佛罗密欧与朱丽叶转世，那就谈不上什么入俗之美，作品也就基本上失败了。

风俗画，原是美术名词。我国宋代的《清明上河图》便是众所周知的风俗画杰作。在欧洲，17世纪荷兰有批画家，将绘画的体裁由壁画转向小型油画，将题材由神话转向世俗。他们的风俗画也因真实地反映了荷兰农家生活、市民生活而充满入俗之美，从而在世界美术史上享有盛名。小说因其叙事的特长，可以比绘画更细致更流动更全面地展示出特定时代特定民族的社会风俗画卷，而小说的入俗之美也总是因其人情风俗的呈现而大大增浓。譬如我国的几部著名古典长篇，几乎无不有风俗画的描写。《水浒全传》对大名府赛花灯的描写便很费了些笔墨。《金瓶梅词话》对当时放烟火情景的描写则更绘声绘色：

> ……都说西门大官府在此放烟火，谁人不来观看？果然扎得停当，好烟火……一道寒光，直钻透斗牛边……彩莲舫，赛月明，一个赶一个，犹如金灯冲散碧天星……霸王鞭，到处响亮；地老鼠，串绕人衣……楼台殿阁，顷刻不见巍峨之势；村坊社鼓，仿佛难闻欢闹之声……总然费却万般心，只落得火灭烟消成煨烬。

这样的描写，今天看来似乎过于琐细了，然而《金瓶梅词话》写于明代。当时人们对烟火的兴趣，大概不亚于我们今天看激光表演。如果我们今天读到一段描写激光灯会的文字，并不感到腻烦；明代人读到上段文字，自然也会很有兴致。何况，《金瓶梅词话》反映的故事发生在宋代，那时烟火刚刚发明，作者将这极新奇的玩意儿写进小说，这不单是一般的风俗画，而且是颇具时代特色的风俗画了。

风俗画，并不光指热闹的节日和婚丧喜庆场面，更多的是对人们日常生活的反映。在中国这样幅员辽阔的国家，风俗画不仅富于民族色彩，而且富于地方色彩。譬如我国老一辈作家李劼人、沈从文的作品便鲜明地呈现出四川和湘西的生活风貌。读李劼人的《死水微澜》，翻开任何一页，随意读几行，清朝末叶四川的风土气韵、各种人物的生活样式、心理状态便都跃然纸上。譬如作品写顾天成挨打后，来到钟幺嫂家中，后者劝他走洋人的门路。这时只见——

顾天成猛地跳将起来，两手一拍道："这主意真妙！哪怕他们再凶再恶，只要有洋人出头，硬可以要他们的狗命的。"

钟幺嫂得意地笑道："我这主意该好？"

顾天成不由冲着她就是一个长揖……

……钟幺嫂笑得一只手捧着肚子，一只手连连打着他的肩头道："你……你……你……哪里学些怪……样子！……成啥名堂！……"

就在这不满一页的文字里，清朝官场的腐朽、乡下土财主为捐官学来的肉麻的"官派"、洋人在四川的势力以及人物之间的暧昧关系都历历如在目前。难怪郭老当年读毕，要一再地表示“令人羡慕”、“至可佩服”了。

沈从文的小说，正如他自己所说，取材的侧重在写他的家乡，写沅水流域（包括五条支流）十多个县份的城镇及几百个大小码头给他留下的人事哀乐、景物印象。湘西又是苗族、土家族聚居的地方。这样，民族色彩和地方色彩融会在一起，就给他的作品带来了独特的人俗之美。我们读他的《长河》，真像看一个画展，十一篇故事篇篇都像画一样，没有什么有头有尾的情节，却自有一股乡土风情扑面而来。譬如《秋》中有这么一段：

> ……老水手停了停脚，逗他们说：“嗨，小将们，还不赶快回家去，他们快要来了，要捉你们的！”
>
> 小孩子好奇，便一齐回过头来带着探询疑问神气，“是谁捉我们？”
>
> “谁，那个‘新生活’要捉你们。”
>
> 一个输了本火气大的孩子说：“新生活捉我们，鬼老二单单捉你。伸出生毛的大手，扯你的后脚，一把捞住，逃脱不得。”
>
> 老水手见不是话，掉过头来就走……

整篇《秋》并无一个连贯的故事，然而这短短的对话却极富生活情趣。孩子的好奇和争胜，老人的爱逗乐又十分迷信，都在字里行间流露出来。而老百姓对所谓“新生活”运动的恐惧也在有意无意中披露无遗。

当代作家中，也有不少擅写风俗的高手。邓友梅的《烟壶》，借烟壶的题目，写清末北京的世态人情，八旗子弟的潦倒零落，笔触所及，处处反射出鲜艳浓郁的入俗之美。因评论已多，这里便不再多说。想说的是，另有一部长篇，书名《括苍山恩仇记》，写清末浙南山区的社会面貌和风云变幻。仅从小说所拟的幽默活泼而又对仗工巧的回目，便可看出作家吴越于此道十分熟谙。但小说的真正成功处当然不在这些枝微末节的地方，而在它以富于传统色彩的笔墨虚构出一批性格生动的人物，绘制出一幅又一幅充满地方生活特色的风俗画。无论是校场比武的画面，还是婚丧喜庆的场景，读来都活灵活现。所以作品能在读者群中不胫而走，短短一年中印数已逾五十万。由此也说明，富于民族气派的通俗小说在今日中国仍有着旺盛的生命力。

最后，似应指出的是，小说是语言艺术。它的入俗之美表现在塑造富于民族特色的人物，反映充满民族特征的生活，而这一切又都必须通过语言的媒介。所以，在某种意义上，可以说，语言才是入俗之美的灵魂。试想前面举过的那些例子，难道有一处不是用富于民族特色的语言写成的吗？我们可以而且应当吸收外来语，但一味地洋腔洋调绝对写不出具有中国气派的作品。此外，正如风俗画可以带有地方色彩，适当运用经过加工的地方语言对于创造入俗之美也具有奇妙的作用。李劼人语言的川味、老舍语言的京味、沈从文语言的湘西味、姚雪垠语言的河南味，对形成他们作品的民族风格都起了至关重要的作用。今天，不少中青年作家也在走着同样的道路。邓友梅、水运宪等不必说了，那京味、湘味是十足的。即便是王小鹰，那作品在我读来也常有一种亲切之感。这当然与她很少胡编故事、“拔高”主题有关。另一方面，她的语言中间或出现的、用得恰到好处的上海方言也为小说平添了一种风韵。

8 复合之美

FU HE ZHI MEI

谈起色彩，人们往往首先想到绘画，想到美术史上的一些不朽之作，想到威尼斯画派的主将提香，想到德拉克洛瓦派与安格尔派的论战，想到印象画派如何将大自然的斑斓引进画幅……

然而，艺术家是富于通感的。正如画家喜欢讲究绘画的“节奏”与“语言”，音乐家和文学家也有他们的“色彩感”。一旦作品中出现新的色彩，不但作者本人一阵狂喜，甚至读者和评家也会感到错愕，发出惊叹。

二百多年前，《石头记》的第一位读者兼评家——脂砚斋，当思索贾宝玉的性格特征时，便陷入了这样的境地。他突然发现，自己找不到一个合适的词汇：

> ……说不得贤，说不得愚，说不得不肖，说不得善，说不得恶，说不得正大光明，说不得混账恶赖，说不得聪明才俊，说不得庸俗平□（脱字），说不得好色好淫，说不得情痴情种，恰恰只有一颦儿可对……

他不由叹息，对宝玉和黛玉，“实亦不能评出二人终属何等人物”。

其实，他很有眼光。说不出宝、黛是“何等人物”，正表明他看到了《红楼梦》人物性格的复杂斑斓，看到了由此带来的难以言说的美。

《红楼梦》之前，中国小说，也不乏斑驳的色彩，那是在不同性格的对照、冲突中产生的。《三国演义》中的“煮酒论英雄”、“草船借箭”、“蒋干盗书”等许多著名故事，正是在曹操、刘备、诸葛亮、鲁肃、周瑜、蒋干等各种性格的鲜明对照中，呈现出五色缤纷的画面。《水浒传》则不仅擅长不同性格的对照，而且善于在同类性格中做细微的区分。正像金圣叹所说，“只是写人粗鲁处，便有许多写法，如：鲁达粗鲁是性急，史进粗鲁是少年任气，李逵粗鲁是蛮，武松粗鲁是豪杰不受羁勒，阮小七粗鲁是悲愤无说处，焦挺粗鲁是气质不好。”不同性格的对照是反衬，同类性格的对比是正衬。《三国演义》、《水浒传》中，色彩之美与映衬之美往往融为一体。

然而，就单个形象而言，两部作品的人物性格都比较简单。《三国演义》中的各个性格，几乎都可用某种道德概念或先天素质加以概括，如关羽的“重义”和“神威”，诸葛亮的“智慧”和“忠贞”，等等。《水浒传》中的人物，性格特征似较多样，如武松，便具有“鲁达之阔，林冲之毒，杨志之正，柴进之良，阮七之快，李逵之真，吴用之捷……”（《水浒传 · 第二十五回总评》）但阔、毒、正、良、快、真、捷……都属于正面素质，所以种种特征仍然分布在一个平面上。佛斯特曾将小说人物分为“扁平”和“圆形”两种，认为凡属“扁平”型的都是“依循着一个单纯的理念或性质而被创造出来”（《小说面面观》），其特征用一句话即可描述殆尽。我想，《三国演义》、《水浒传》中的人物特征虽不一定能用一句话概括无遗，但就实质来看，多数都与“扁平”相近。“扁平人物”也很美，那是一种单纯而清澈、古老而富于传奇色彩的美。

《红楼梦》中，这样的美很难寻觅了。它也有“扁平人物”，如晴雯的嫂子、傻大姐等，那不过是“圆形人物”的陪衬。书中较重要的人物，则都离开了单一的平面，显得复杂而圆整。他们既然并非按照某种道德概念或先天素质创造出来，也就无法用一句话或若干概念加以牢笼。《红楼梦》的色彩感很强，但这色彩不独来源于不同性格的对照，而且来源于每个性格自身，来源于性格本身的“分裂”——各种对立的因素在同一个性格内部发生冲突，五颜六色同时呈现在一个人物身上。

以贾宝玉而论，性格便非常复杂，脂砚斋想了十一个词汇，还是说不清楚。这也难怪。他性格中对立的因素实在太多。宝钗曾赠他两个“雅号”:“无事忙”、“富贵闲人”。“无事”而偏偏“忙”，这就见出一种矛盾。“富贵”和“闲散”，是“再不能兼”的，“不想你兼有了”，这又见出一种矛盾。再看他的言行，也总是奇怪得很。譬如读书，他似乎是尊重《四书》的，认为“除了《四书》，杜撰的也太多”，但又不愿好好地啃《四书》。相反，却喜欢杂学旁收，从佛学到小说戏曲到医书，涉猎之广，远远胜过其父贾政。至于对待异性，则更显示出性格的无比丰富。他好像是反对“男尊女卑”的，发表过“女儿是水做的骨肉，男人是泥做的骨肉”的著名议论，但“女儿”不等于“妇女”，他看重的只是纯洁美好的少女，绝不包括“腌臜老婆子”。这且不论。就是对前者，也因对象不同而在欣慕的内容和方式上表现出多样化的特点。黛玉自然是他最贴心、最引为知己的一个，两人之间燃烧着深沉而炽烈的爱。对宝钗，则慕其才学、丰姿而恶其“禄蠹”气息。袭人和晴雯，是性格截然有异的丫头，他喜欢前者的温柔和顺（后对其卑劣有所觉察），又与后者有种特殊的亲昵，这亲昵在相当程度上突破了主奴关系。此外，秦可卿的妩媚，史湘云的豪爽，妙玉的孤洁，宝琴的聪慧，都令他由衷地倾倒；香菱、平儿、鸳鸯，都引起他深切的同情；只是倾倒和同情的具体表现又各个不同。记得黑格尔在论及理想的人物性格时，曾一再指出，性格必须具有丰富性，“每个人都是一个整体，本身就是一个世界。”（《美学》第一卷第303页）仅从上面草草的分析，可以看出，贾宝玉的性格已经丰富得“本身就是一个世界”了。

那么，是否只要丰富复杂，即为理想性格呢？也不。丰富复杂，是矛盾对立的表现。它还应当统一起来，统一为“一个整体”、“一个世界”。黑格尔在强调性格的丰满性的同时，就认为“这种丰满性必须显得凝聚成一个主体，不能只是乱杂肤浅的东西”，（同上）而且，这主体还应当具有明确的独特的个性，也就是人们常说的“这一个”，——这才是比较理想的性格。黑格尔时代，许多优秀小说还没有产生，他只能以荷马史诗、莎士比亚戏剧为例。他认为，《伊利亚特》中的阿喀琉斯属于理想性格。其人勇敢，暴躁，容易发火，凡此都是勇士气质的典型表现，然而他又很尊敬老人。杀死赫克托后，他把尸体绑在车后，绕着特洛伊城跑了三圈；可是当赫克托的父亲来到营帐后，他的心就软下来了，暗地里想到了自己的老父……所以，“这是一个人！高贵的人格的多方面性在这个人身上显出了它的全部丰富性。”（同上）罗密欧与朱丽叶，在黑格尔看来也属于理想性格，因为在他们性格的特殊性中都有一个主要的方面成为统治的方面。罗密欧在对父母、朋友、侍童的关系中，同杜巴尔特的冲突和决斗中，对僧侣的尊敬和信任中，以及同卖毒药给他的药师的对话中，始终一贯地显得尊严高尚，用情深挚。朱丽叶也在同父母、保姆、巴里斯伯爵、劳伦斯神父的种种关系中，在每一种情境里，都表现出她热烈的爱。这爱渗透而且支撑起她整个的性格。

贾宝玉比起阿喀琉斯、罗密欧、朱丽叶来，性格无疑远为丰富，但它也是统一而独特的。但凡他说的话、做的事，都不能移到别人身上。而且，不论他看起来多么“行为偏僻性乖张”，多么让人“说不得”，实际仍可分析清楚。譬如他尊重《四书》又不愿埋头攻读，无非是反对为做八股文应科举而读《四书》而已。他和贾政的矛盾实质不在读不读书，而在走不走中举当官的路。同样，薛宝钗既说他“无事忙”，又说他“闲散”，也是从与贾政同一的标准出发的。在她看来，宝玉正是在读书应考的“正事”上过于闲散，而在不相干的杂事上忙得过分了。作者不借别人，恰恰借宝钗之口提出这两个外号；以后又独独让袭人重复一遍：“怪不得人说你是‘无事忙’！”显然含有深意。

凡此都说明，理想的性格不仅复杂斑斓，而且完整合一。它闪射的是一种复合之美，犹如天上的虹，将种种艳丽聚在一道了。

有人以为，“复合”不难，只需给正面人物抹些缺点、给反面人物涂些优点便可。这说法也不是全无道理。如果正面人物一无瑕疵，反面人物一无长处，岂非成了不食人间烟火的虚假形象？事实是，脂砚斋发现鸳鸯脸上有几点雀斑，就拍案叫绝：“真正美人方有一陋处！”狄德罗看到历史故事里过于完满的形象，也说：“你的那些人物都很美……但是太阳穴上缺一个疤，嘴唇上缺一道伤痕，鼻子旁边缺一个斑点，不然，这些人物就真实了。”（《波旁的两朋友》）回想“四人帮”时期炮制的作品，何以令人大倒胃口？就因为人物的正反面特征都被推向了单一的荒谬的极端。

不过，给人物涂抹优缺点的说法，终究不够科学。首先，性格并非单纯由优缺点所组成，而是人的一切品性和特质的总和。在成功的性格塑造中，人物的优缺点也不像隔着一道鸿沟那样分明，常常是正中有反，反中有正，界线相当模糊。《红楼梦》中的王熙凤，用今天的标准衡量，无疑属于“反面人物”，难道我们能用几条优缺点将她概括出来？恐怕不容易。譬如，她常凭自己的一张巧嘴，给贾母给众人带来快活的笑声，这算优点还是缺点呢？又如她爱吃醋，不许贾琏同别的女人说话，自己却喜欢同男人说说笑笑，同贾蓉保持暧昧关系，这应该是缺点，可从另一种意义说，不也多少意味着对于封建妇德的背离吗？

其次，这里涉及到两条途径、两种特点的区分。从共性出发，为一般而找特殊，将概念化为形象，是扁平人物（或称类型化典型）的特点。从个性出发，由形象到形象，通过特殊显示一般，才是圆形人物（或称性格化典型）的特点。复合之美仅仅属于后者。近几年来我国不少作者刻意塑造复杂圆整的人物。凡是获得成功的，无不采用了从个性出发的方法。也有不太成功或完全失败的，则往往是从共性出发，先在脑中确定了“迫害”、“受迫害”、“改革”、“反改革”等正反面概念，然后分别添上优缺点和其他相应的特征、素质，实际是用类型化写法塑造复杂的性格化典型。结果等于缘木求鱼，走出来的只能是一位性格分裂而不真实的人物。

出现这种情况，也未必就是作者不懂得刻画个性的重要，这里涉及到生活积累的丰厚与否。我们曾不止一次发现：有的作家，写第一部小说，由于题材为自己所熟悉（战争题材，建设题材，知青题材，改革题材，等等），有亲身经历作后盾，写出的人物大都性格丰富，血肉饱满。等到写第二部、第三部同类题材的作品时，便有笔力不济之感。人物不是站不起来，就是与第一部面目雷同。这表明作者的“库藏”已经用完，只好以类型化写法敷衍成篇了。

以《最后诊断》、《大饭店》、《汽车城》、《超载》等作品为我国读者所熟知的阿瑟·黑利，是一位“深入生活”的西方作家。他每写一部小说，都要到有关的那个行业去调查、体验一番。但他也有一个毛病，就是对行业特点了解较多而对人物性格挖掘较浅。因此，他的小说读多了，就会发现，里面大都有一位美国式的“改革家”，为振兴本行业、本部门而励精图治。“他”必定有些对手，也必定有段罗曼史。尽管“他”在这本小说里是医生，在别的小说里却是银行家、饭店经理、汽车大王……“他”的情妇在这本小说里是美丽的空中小姐，在另一部小说里却是黑人女记者……但我们还是看到了一种大体相同的个性。这或许就是阿瑟·黑利未能成为第一流作家的原因。

真正贴近生活的作品，即便塑造的是同一类型的形象，也会充分显示各自独特的个性，绝不会给人以似曾相识之感。譬如19世纪俄国文学画廊中，出现了奥涅金、毕乔林、别里托夫、罗亭、奥勃洛摩夫等一批被称为“多余人”的贵族知识分子形象。尽管被归为一类，我们却不会把其中任何两人混淆起来。原因很简单：五部小说（《叶甫盖尼·奥涅金》、《当代英雄》、《谁之罪？》、《罗亭》、《奥勃洛摩夫》）的作者（普希金、莱蒙托夫、赫尔岑、屠格涅夫、冈察洛夫），心中并无“多余人”这个概念。他们只是凭着对生活的观察和体验，写出自己所熟悉的人物；唯其观察和体验得相当深入，才在人物丰富而独特的个性中反映出了一种“多余人”的共性：既不愿与上流社会同流合污，又因远离人民而无所作为，等等。此外，由于各人所处时代不同，奥涅金和毕乔林可以鹤立于庸俗环境之上而成为相当正面的人物；到了奥勃洛摩夫时代，社会意识已极大发展，耽于空想、懒惰无为的“多余人”就不可能成为正面形象了。

最后，还想谈的是，扁平人物的特征总是比较恒定，不论环境、遭遇如何变化，性格都保持不变。圆形人物的性格却总是随着生活的流程而发展、变动。复合之美与变化之美不可分割。只是在具体创作中，又有两种情况：

一种情况是，作者下笔之初，对人物性格的发展变化已了如指掌，但他不在读者面前一下子揭开纱幕，故意让你煞费疑猜，直到行将收局，才将性格的全貌展示出来。这既出于小说情节云诡波谲的需要，也符合生活自身的逻辑。譬如莱蒙托夫的《当代英雄》，共由《贝拉》、《马克西姆·马克西梅奇》、《塔曼》、《梅丽公爵小姐》、《宿命论者》五个部分组成，每个部分展示的都是主人公毕乔林生活中的一个片段。从时间顺序看，后三部分的故事发生在前，前两部分的故事发生在后。作者写第一部分时，毕乔林的整体形象已了然在胸。但作为读者，看了前两部分，却会对毕乔林其人感到深奥莫测；甚至看了《塔曼》，仍觉扑朔迷离；直到读完《梅丽公爵小姐》，方始雾氛消散，谜语得到了解答。回过头去思索《贝拉》等篇，对主人公的一言一行都觉可以理解了。

另一种情况是，作者动笔之前，对人物的性格言行也有周密的设想。不料人物一旦登场，便按照自身的逻辑行动起来，常常做出违反作者初衷的事，倒仿佛是虚构的角色在牵着作者的鼻子走。譬如普希金写《叶甫盖尼·奥涅金》，似乎最初并没安排达吉雅娜出嫁，而她竟然出嫁了。诗人对朋友叹道：“你想想看，达吉雅娜跟我开了多大一个玩笑。她结婚了。我万万没料到她会这样。”后来，托尔斯泰在谈论安娜卧轨自杀的举动时，引用了这段话，并说：“关于安娜·卡列尼娜我也完全可以这样说。一般说来，我的男女主角们，有时跟我开那种玩笑，我简直不大欢喜!”当然，实际上他是欢喜的。人物不按作家的意愿，而按照现实生活的逻辑行动，正说明“他”或“她”已获得独立的生命，同时也说明作家在性格塑造的追求中已进入至美的境界。

9 神肖之美

SHEN XIAO ZHI MEI

托尔斯泰曾非难莎士比亚笔下的人物，“说的不是他自己的语言，而常常是千篇一律的莎士比亚式的刻意求工、矫揉造作的语言。”（《论莎士比亚及其戏剧》）这批评是否切合实际，大可商榷；但内含的道理莫容置辩。一个作者，可以用自己的语言去刻画对象的眼神、容颜、服饰、身姿、行为、举止，他的风格也许正表现在这独特的描述中。可是，一旦他让人物也按自身的习惯说起话来，作品的性格塑造就基本失败了。

我们只需闭起眼睛回想一下古今中外成功的小说人物，当眼前浮现某一影像的同时，耳际自会响起一种熟悉的声音。譬如想到孔乙己，便仿佛听到那抑扬顿挫的“多乎哉？不多也”；想到二诸葛，自然忘不了“恩典恩典”。高尔基早岁读过巴尔扎克的《驴皮记》，几十年后，各种人物的讲话还依稀萦绕耳边。至于鲁迅对《水浒传》、《红楼梦》人物语言的赞扬，认为“能使读者由说话看出人来”，（《看书琐记》）则更为人所熟知了。

“由说话看出人来”，是一种特殊的美，我称它为神肖之美。“神肖”，或曰“神似”，原是绘画追求的境界。自从东晋顾恺之提出“传神写照正在阿堵中”以来，一般都把眼睛视为传神的关键。这就造型艺术而言，无疑很精辟。一幅静止的肖像，什么地方最易泄露人心的秘密呢？眼睛。小说却是流动的艺术，它要表现的不是静止的容貌，而是发展中的性格，这就决定了它对人物的动作、语言更为重视。特别是成功的对话和内心独白，总是带有鲜明的个性特征。尽管作者对人物的神态举止未著一词，读者却能透过言辞看到“他”或“她”的音容笑貌、性格气质，甚至衣冠服饰。《红楼梦》第三回写宝、黛出场，通过黛的眼睛去看宝，又通过宝的眼睛去看黛，这写法较之由作者出面作呆板描写，已经胜过多多。然而多数读者对那具体描写外貌的文字仍然记不甚清；记得清楚的倒是两句话。一句在黛玉心里：“好生奇怪，倒像在那里见过的……”另一句由宝玉说出：“这个妹妹我曾见过的。”由这话语我们仿佛可以想象出两人当时的心情神态。在小说以后的情节中，外貌描写就降到了更次要的地位，即使偶尔涉笔，往往也是从人物的言行中自然而然地带出，与其说是写貌，不如说是通过性格化的言行展示出人物的内心。

譬如第三十二回有这么一段——

> ……黛玉道：“死了倒不值什么，只是丢下了什么‘金’，又是什么‘麒麟’，可怎么好呢！”
>
> 一句话，又把宝玉说急了，赶上来问道：“你还说这些话，到底是咒我还是气我呢？”黛玉见问，方想起前日的事来，遂自悔这话又说造次了，忙笑道：“你别着急，我原说错了，这有什么要紧，筋都叠暴起来，急的一脸汗！”一面说，一面也近前伸手替他拭面上的汗。

熟悉《红楼梦》的人都知道，上述谈话发生在宝玉向湘云、袭人公开赞扬黛玉“从来”不说“混账话”之后；这在宝黛爱情史上是个转折点。以前，两人既一往情深，又疑虑重重，常常为“金玉”之论争吵不休。以后，他们的关系将进入心心相印、平静无波的时期。而这次谈话便带有一种前后交替的鲜明色彩。一方面，黛玉习惯使然，不自禁地又说出“金”和“麒麟”的话来；另一方面，她心中已对宝玉充满知己之感，所以一看对方着急，马上主动认错，软语温存。而宝玉一听“金玉”之说，竟然连“筋都叠暴起来”，说明他经过长期真真假假的试探、煎熬，终于到了向对方彻底坦白的时候。如果我们再读下去，便会听到他那句出自肺腑的“你放心”！这里，正是对话和动作生动地传达出了斯时斯地两个人的眼神（尽管一句也没有描写）、表情和彼此间又炽烈又温柔的爱。

语言是否神肖其人，是人物塑造成败优劣的重要标志。但小说的篇幅不等、人物在小说中的出场次数不同，走向神肖的途径也就各异。短篇小说因篇幅所限，不可能展现主人公性格的方方面面，因此要达到神肖，就只有突出性格的一个方面、一个特征，由此形成语言的基本特色。不久前偶阅英国现代作家安东尼·霍甫的《爱的难题》。这小说译成中文不过六千五百字，几乎纯由对话组成，却颇富神肖之美，究其原因，便是因为语言体现了性格的主要特征。

小说中只有两个人物：一个天真的少女，一个耽于思索的哲学家。他们各有怎样的经历，又是怎样相识的，作品均未交代。我们读到的只是两人间的一次谈话。从谈话中我们知道少女爱上了哲学家，以至当另一男子向她求婚后，她仍然没有放弃同哲学家结合的希望。可是少女的羞涩又使她难以明言，只好拐弯抹角地用假设、提问等方式向对方试探。哲学家很喜欢少女，但绝没想到这次谈话同自己有什么关系，因此完全是用客观的眼光去帮对方分析、解答。他们的语言特色就表现在一个有情，一个无意。这有情和无意决不代表他们性格的全部，却集中而突出地反映了此时此际两人的所思所想。

谈话是这样开始的——

> 姑娘在他对面坐了下来。“我要问你的是一个很关重要的问题，”她扯着一株小草开始说道，“这是一个——很伤脑筋的问题，不过你一定要保密，不许对任何人说我问过你；至少是我希望你别讲出去。”
>
> “我不会讲的，可能我还会忘光的。”
>
> “而且，在我提问的时候，你一定不要看我，请别看我。”
>
> “我想我方才并没有看你，要是看了，只好请你原谅。”哲学家表示歉意。

仅仅两个“回合”，双方的语言基调已经呈现出来。随后，姑娘开始用种种问题迂回试探，力图让对方明白自己的真实意图。她时而着急，时而惋叹，所有的情绪变化都流露在话语中，却始终不失其少女的天真和羞涩。哲学家的对答也饶有特色，他好像很善于分析问题，偏偏没有察觉对方钟爱的原来是自己。读着他的对话，一个既聪明又迟钝的学者形象也就活现在眼前了。

长篇小说中的次要人物，出场次数不多，说话机会有限，不可能从从容容地展现性格的各个侧面。因此在走向神肖方面，其手段近于短篇小说，往往是选取性格中一个富有典型意义的特征，在这基础上形成人物语言的突出的特色，从而在短暂的照面中给读者留下深刻的印象。《红楼梦》中的焦大，仅仅出场一次，说了三小段话，竟使我们难以忘怀，原因便在作者紧紧抓住了他的醉后意识，加以突出，从而形成了语言的鲜明特色。贾元春在前八十回中也只出场一次，说话也不多，但见面第一段话就显示了独一无二的性格特征："当日既送我到那不得见人的去处，好容易今日回家，娘儿们这时不说不笑，反倒哭个不了，一会子我去了，又不知多早晚才能一见!"托尔斯泰的《战争与和平》，也是人物众多的长篇，他的本事也在于每个人物一开口，便使我们如睹其容，如窥其心。譬如依包理特，露面次数极少。在安娜·芭芙洛芙娜家的晚会上，他的主要谈话只有两次：一次是用俄语讲一个浅薄乏味的笑话；一次是赞扬安德莱公爵夫人的美貌。仅仅两次就把自己的愚蠢和淫邪暴露无遗。

这里，应当指出的是，不论写短篇，还是写长篇中的次要人物，作品展示的虽是人物的片言只语，作者掌握的应是人物的全部生活、全部性格。只有洞悉"他"和"她"的一切，才能知道"他"和"她"在某一件事上说什么和怎么说。不论焦大、贾元春还是依包理特，倘若作者不了解他们的过去和未来，只是为此刻而写此刻，他们的语言绝不可能达到神肖之境。即以元春而论，脂砚斋曾就那段话批道："说完不可，不先说不可，说之不痛不可，最难说者是此时贵妃口中之语。"的确，如果作者不了解元春作为一名贵妃的全部生活和性格，不明白此时的她既要顾到宫廷的繁文缛节，又压抑不住天伦之情，那就很难设计出一段恰到好处的话语。正因为在作者是厚积薄发，我们才能由一语尽窥其心，从那似乎平淡的几句话中想象到后宫生活的森严寂寞，想象到贵妃平日对家人的无穷思念……

长篇小说中的主要人物，如果具有复杂的经历，或生活在复杂的环境中，那么，一般来说，“他”的语言不宜单一，而应当既有主要特色，又有次要特色，这特色还应随着经历、环境的改变而发生变化，否则人物很难成为复杂的性格化典型。这里，我想举个人们熟知的例子：狄更斯。在英国古典作家中，他是公认的设计人物语言的能手。他仿佛有一股用对话和手势去直接呈现场面的“冲动”；而他笔下的人物也无不具有单一而固定的语言特色。当次要人物被赋予这种特色后，总是显得栩栩如生，整个场面也因此而充满生机。然而，当主要人物被赋予这种特色后，我们却不免微感不足，因为我们预期中的主角，性格应当更为复杂，语言特色也应当更为丰富。

譬如，《大卫·科波菲尔》中的次要人物，几乎个个特征鲜明。密考伯夫人每次说话，都离不开她的丈夫，声言自己“永远不会抛弃密考伯先生”。度拉则一开口总忘不了她那条名唤“吉卜”的狗，谈任何问题都要带上一句“是不是，吉卜?”相形之下，科波菲尔的特色反而不甚鲜明。这并非作者对主人公的性格不了解（实际上小说富有很浓的自传色彩），而是因为狄更斯写惯了类型化典型（这种典型需要的正是特征单一的语言），不太善于用丰富的、变化的人物语言去塑造一个较复杂的性格化典型。

那么，怎样的语言才算丰富多彩而富于变化呢?

丰富，是指人物语言不仅有其主要特色，还有许多次要特色。试看成功的性格化典型，大都有语言的多种特色与性格的复杂结构相对应。不但长篇如此，甚至中篇也是如此。有人分析阿Q性格系统，认为他既质朴愚昧，又狡黠圆滑；既率真任性，又正统卫道；既自尊自大，又自轻自贱；既争强好胜，又忍辱屈从；既狭隘保守，又盲目趋时；既排斥异端，又向往革命；既憎恶权势，又趋炎附势；

既蛮横霸道，又懦弱卑怯；既敏感禁忌，又麻木健忘；既不满现状，又安于现状。（见林兴宅《论阿Q性格系统》）所有这些特征连同作为性格核心的精神胜利法，无不通过对话和内心独白反映出来，阿Q语言特色之丰富也就不言而喻了。

最近我国长篇园地冒出一部被评论界誉为“真且雅”的力作，即刘斯奋的《白门柳》。这部小说以明末动荡的社会为背景，以几种不同类型的知识分子为主要人物，艺术上确有许多创获。仅就对话来看，便很善于用多色调的语言塑造人物性格。古代知识分子语言的共同特征是带有书卷气。但同属书卷气，作者写来却各有各的声口，有的坦诚，有的狡黠；有的倨傲，有的谦恭……而重要人物，则更于基本特色之外，别具种种特点。譬如钱谦益，出场时已年过花甲，昔年当过礼部侍郎，又是东林魁首，诗坛祭酒，自从与温体仁争权失败，已下野十三年，犹时时梦想东山再起。过去的声望、今日的处境和对未来的野心就构成了他语言的基本特色，与他人判然而别。可是围绕着基本特色，他的语言又十分多彩。在不同的境遇、不同的心情中，我们看到的是一个多种面目的钱谦益——

> “你与董家既无债务瓜葛，便该回避远引，如今却硬来从中插手，百计煽惑，兴风作浪，竟至劫人作质，以图要挟，胡作非为，至于此极！分明是个刁顽不逞之奸徒。若不严惩，王法何在！”

这是声色俱厉的钱谦益。

> “……今阮圆海一介小人，品格鄙劣，天下共知。惟其

如此，倘若我辈稍示宽纵，则反响必大，朝野耸动，以为我辈于阮圆海尚能如此，其余流辈，自不必问矣……”

这是巧舌如簧的钱谦益。

“定远，你总是火烧眉毛似的！”

这是故作亲切的钱谦益。

“简直……乱……七八糟！”

这是陷于狼狈的钱谦益。

“我很高兴！钱谦益得到你这样的闺中知己，不虚此生了！”

这是在爱妾面前动了真情的钱谦益。

“小娘子走不得！便是你姐姐放你走，我也不……”

这是勾引妇女时嬉皮笑脸的钱谦益。

此外，他的语言色彩还表现在，有时处于同一心境中，因为说话对象不同，口气可以截然相反；有时用语尽管一样，却因场合不同而含义迥异。譬如当他正同客人谈话，忽被爱妾柳如是骗回园中后，对柳的口气是迁就的：“好，好，我陪你们走走就是！”回过头来对仆人李宝却是一声断喝:“欠打的奴才……”又如他斥责别人时爱用“胡说”二字，这同他的身份十分相符，不过有时用“胡说”是真的动肝火，有时只是虚声恫吓而已。

丰富本已包含变化，但在上举阿Q、钱谦益等例证中，人物语言的基本特色并无变化。那么，有没有基本特色发生变化的呢？有的，那通常是在人物遭际有了重大改变之后。最明显的例子是《牛虻》。第一卷中亚瑟的语言单纯、热情。第二卷开始，已是十三年后，他的语言一变而为成熟、冷隽，以至连琼玛、蒙泰尼里都分辨不出来了。类似的例子其实很多。《悲惨世界》中作为苦囚犯的冉阿让与当市长后的马德兰语言显然不同。《战争与和平》中的娜塔莎，在受阿那托尔引诱前后，语言基调也有差别。这种情况也可以表现在中短篇小说中，表现在次要人物身上。如鲁迅《故乡》中的闰土，首次出现时一派天真，二次出现时每段话语都打上了沉重的生活的印记……

（附）爱的难题[1]

（英）安东尼·霍甫◎著　俞汝捷◎译

是一个明媚和煦的日子。果园外阳光朗照，园内绿荫之下却凉爽宜人。老苹果树的枝叶在清风中徐徐拂动。树下坐着哲学家。哲学家对周围一切了无所睹，只在微风吹动膝头大卷书页时才表示抗议，埋怨风神多事，害得他又要找到原页才能继续看下去。那是一本他朋友撰写的《本体论》；书内充满谬论，他一一摘录下来记在书后空页上。

一个穿白色衣裙的姑娘走进果园。她摘下一个苹果，咬了一口，发现苹果已经成熟，便把它拿在手里走到哲学家坐着的地方，默默凝视着他。哲学家没有觉察。姑娘又咬了一口苹果，出声地咀嚼着，咽了下去。哲学家又择了一个错处记在尾页上。姑娘把苹果扔了。

"杰宁罕先生，"她招呼了一声，"你是不是很忙？"

哲学家，铅笔依然在手，抬起眼来。

"呀，梅小姐，"他回答，"不，并不很忙。"

“我想征求征求你的意见。”

“好，请稍等一下。”哲学家抱歉地说。

他又翻开尾页，把方才发现的错误观点切实批判了一顿。姑娘起初以一种亲切有趣的耐心伫望着，后来皱起眉头有点不耐烦了，最后终于露出满怀怅惘无可奈何的神色。她私下忖度，以年龄而言，他显得过于老成。他最多不过三十岁多一点；额角上密密的一片波浪似的头发；眼睛清澈明亮；肌肤晶莹，远未消失青年人的圆润。

“好了，梅小姐，现在听你吩咐。”哲学家恋恋不舍地又瞄了两眼批语，把书合拢，然而还是摆在膝上。

姑娘在他对面坐了下来。“我要问你的是一个很关重要的问题，”她扯着一株小草开始说道，“这是一个——很伤脑筋的问题，不过你一定要保密，不许对任何人说我问过你，至少是我希望你别讲出去。”

“我不会讲的，可能我还会忘光的。”

“而且，在我提问的时候，你一定不要看我，请别看我。”

“我想我方才并没有看你，要是看了，只好请你原谅。”哲学家表示歉意。

姑娘从草地上拔出一株小草，又使劲把它摔了。

“假若有一个人——”她开始讲，“不，这样提不好。”

“随你怎样提、怎样设想都行，”哲学家评议道，“但是以后你得举出合理论据，这是理所当然的。”

“咳，真的让我们言归正传吧：假若有一个女孩子。杰宁罕先生，希望你别那样点头。”

“那只是表示我在追随你的思路。”

“当然，你是在‘追随我’，如你所说。假若一个女孩子有两个情人——看你又在点头！——啊，或许我应该这样讲：假若有两个人同时爱一个女孩子。”

“只有两个人？”哲学家问。“随便提多少人都行，他们都可能爱上——”

“唉，别的人不消多提了，”梅小姐嫣然一笑，现出脸颊上的酒窝，“那些人无关重要。”

“好吧，”哲学家附和着，“如果其余的人离题太远，我们就把他们撇开。”

“那么，假若这两个人之中，有一个人爱那个女孩子，——啊，爱得太厉害了，而且——而且提出了——”

“等一等！”哲学家打开小笔记本。“让我把这个命题记下来。提什么？”

“唉，向女方提议结婚——要女的嫁他。”姑娘目不转睛地对他说。

“呀！我真笨！竟然忘了那个词的特殊含义。再怎么样？”

“那个女孩子也还喜欢他，她全家对他都很中意，等等……反正是那么一套。”

“这样，问题就简单化了。”哲学家推论着，又点点头。

“可是女的并不爱——那个人，你要知道，她并不是真正关心他，——不很关心，你明白吗？”

“完全明白。这也是合乎常规的。”

“那么，假若另外的那个人——你在写什么？”

“我只写了一个‘乙’字——你看。”哲学家温顺地摊开笔记本，申辩了一句。

姑娘以一种无可奈何的恼怒心情瞪了他一眼，内心深处可能还存着一丝笑意。

“唉，你真是——”她抱怨了一声。“不过，让我们往下谈。另外那个人是那个女孩子的朋友；他很聪明——啊，非常聪明；他又很漂亮。你用不着把这一点也记下来。”

“这的确不很重要。”哲学家承认，把“漂亮”删了，只留下“聪明”二字。

“而那个女孩子的确非常——她对他非常赞赏，认为他是世界上最了不起的人，你要知道。而她——她——”姑娘住了口。

“我在听你讲呢。”哲学家说，铅笔在他手中悬着。

“她想——如果这个男的也能以她为重，那就比整个世界都好，你要知道。”

“你意思是说给这个男的做妻子？”

“啊，自然是这样想——至少我认为是这个意思。”

“你看，你说得太依稀仿佛了。”

姑娘回答的时候瞥了哲学家一眼：“好吧，是这样，我的意思是给这个男的做妻子。”

“是的，好，再怎样呢？”

“但是，”姑娘接着回答，开始去揪另外一株小草，“他对于这种问题不大关心，尽管他也很喜欢这个女孩子。我认为他很喜欢她——”

“啊，能不能说并非不喜欢她？”哲学家推测着，“能不能说他有点不大在乎？”

“我不知道。不过，是有点不大关心，我想。他大概没有考虑过这类问题。不过，那个女孩子——她还很美。你用不着把这个字也记上去。”

“我正要这么做呢。”哲学家笑了。

“女孩子认为能够和他在一起，生活一定胜似天堂；她——她认为自己可以使这个男的非常幸福。她会——会以此为骄傲，你明白吗？”

“明白，真的！”

“而且——我不知道怎样说好，真的，——她认为假若这个男的一考虑到这点，他会对那个女孩子有所表示的；因为他还没有关心过任何其他的人；何况那个女孩子还很美——”

“这一点你方才提到过。”

“啊，哎呀，我知道我提到过。而且，男人大都要对什么人表示关切的，对不对？我的意思是说，对某一个女孩子表示关切。”

“大多数人都会如此，绝无疑义。”哲学家表示让步。

“那么，那个女孩子该怎么办？杰宁罕先生，你要知道，这不是一件真事。这是——是一本我正在看的小说。”她连忙声明一句，双颊泛起一片绯红。

“哎呀！这确是一个很有趣味的事例！问题是，那女孩能否颇为明智地接受那一个非常倾心于她的人的请求，尽管她对他只是淡淡的爱……”

“是的，只是喜欢罢了。他只是一个朋友。”

“对，正是如此。那么，还要看她是否更为明智地和那个她所爱的人结婚，除非——”

“这样不行。她怎么能和这个男的结婚呢？他还没有——他还没有来求婚，你说呢？”

“对，我忘记了。那么，我们权且这样设想，他也向她求婚了，于是她又要考虑哪一桩婚姻对她更为有利——"

"唉，你用不着考虑那些。"

"但这才是最正确的逻辑推论呀。这样我们随后才能估计到家庭不安的因素，由于——"

"啊，别说了。我不要这种推论。我完全清楚那个女孩子会怎么办，假若他——另外这个男人会向她求婚。"

"你认为——"

"别管我怎么'认为'。就按我讲你听的那样解答。"

"好吧。某甲向她求婚，某乙没有。"

"对。"

"我可不可以这样推断，如果不是乙的影响，甲可以成为一个差强人意的候选人?"

"是的，我看是这样。"

"因此，如果她嫁给甲，她还可以相当幸福地生活。"

"是的，——也许是吧。不过，不很美满，为了乙的缘故，你要知道。"

"完全如此，完全是这样，但是还算幸福，是不是这样?"

"我不——也许是吧。"

"另一方面，如果乙真的也来求婚，我们可以想象她会得到更高一级的幸福，是吗?"

"是的，你看，杰宁罕先生——要高得多呀。"

"对他们双方都这样?"

"对女方是的，男的暂且不论。"

"很好，这样，问题又很清楚了。然而乙的求婚与否岂不成为偶然、或然的了?"

“是的，是这样。”

哲学家双手分开，“我亲爱的小姐，”他说，“这成了程度问题了。可能性，不可能性，究竟各占多少？”

“我不知道。也许不大可能——除非——除非——”

“除非什么？”

“除非他真正注意到周围事物，你要知道。”

“啊，对的，我们做过这种设想，如果他想到这一层，他会迈出意料中的那一步的——至少，也可以鼓励他这样做。难道女方不能表达自己的意向吗？”

“她可以试试——不，她不能起多大作用。你想，他——他从来不大考虑这种问题。”

“我完全明白了。我看，梅小姐，我们可以根据事实得出答案。”

“我们可以？”她问。

“我认为可以。显然男方对于女方并非倾心相向，也许他对婚姻也很淡漠。他内心的情感可能还不深挚，甚至有些做作——他的爱好短暂而不持久。如果女方进一步引起他的注意，那么两种情况之中必然会有一种情况出现，你是在听我讲吗？”

“是的，杰宁罕先生。”

“女方主动表示也许会引起他的反感——这一点你必须承认不是不可能——那么，情况就不十分愉快了，对女方说来，甚至是屈辱。或者，另一方面，他也许会，由于一时逸兴表现出骑士风度——”

“由于什么？”

“由于一种礼貌上的错误观点，或者由于一种对善良的错误看法，容许自己同他对之并无真挚感情的人结合。这两种情况非此即彼，你同意我的估计吗？”

“是的，我想他们会是这样，除非他真喜欢这个女孩子。”

“啊，你又转到那个设想去了。那是一个颇为虚无缥缈的前提。我看女方不必嫁甲，同时也应当听乙自便才是。”

哲学家合上笔记本，取下眼镜，擦了几下重新戴上，往苹果树干一靠。姑娘把一朵蒲公英捏得粉碎，过了许久才说：

“你想乙的感情全然不会改变？”

“那要看他是个什么样的人。如果他是个有能力的人，——吸引他的是求知的乐趣——一个不以妇女、社交为必须的人——”

“他正是一个这样的人。”姑娘一声长叹，把一朵雏菊的花蒂扯下来了。

“那么，”哲学家说，“我找不到丝毫理由证明他会改变感情。”

“这样，你会建议她嫁给另外的一个——甲吗?”

“总的来说，我应当这样建议。甲是一个好人，(我想我们说过甲是好人。) 他是个合适的配偶，他对女方的爱真实而纯洁——”

“那太惊人了!”

“对，还非常令人费解。但是女方本来还喜欢这个人，有充分理由希望她的喜欢可以发展为相当深厚的情感。她也会抛弃昔日对乙的痴心梦想，给甲做一个好妻子。是的，梅小姐，如果我是你这本小说的作者，我会让她嫁给甲的，而且还认为那是一段美好姻缘。”

随后是一片沉寂。这次打破沉寂的是哲学家。

“你要征求我意见的就是这些吗? 梅小姐?”他问，手指伸进《本体论》的书页之中。

“是的，想来就是这些。但愿没有过分打扰你!”

“这次讨论对我很有益处。没想到小说居然能提高心理研究的趣味。我一定得挤时间看一本。”

姑娘移动身体，侧面对着哲学家而不是正面相向。她遥望苹果园尽头阳光耀眼的围场，双手在裙裾上直搓，直捏……她轻轻地、缓缓地问道：

“难道你不想一想：乙以后也许会发觉此事——在她嫁给甲之后——发觉她曾经是这样，这样深深地爱过他，他也许会感到有一点后悔吧？”

“如果他真是个正人君子，他会深感后悔的。”

“我意思是说——后悔也怪他自己——是他把这一切抛弃的，对不对？”

哲学家仿佛在沉思。

“我想，”他断然回答，“非常可能，他会后悔的。我可以想象得到那种情景。”

“他也许再找不出任何人会那样爱他了。”她眺望着金光闪烁的围场。

“可能找不到了。”哲学家同意。

“而——而大多数人都喜欢为人所爱，对不对？”

“渴望爱情几乎是普遍的本能，梅小姐。”

“是的，几乎，”她伤感地浅浅一笑。“你想，他还会衰老下去——那时候却没有人来照料他。”

“他会衰老的。”

“而且又没有家。”

“啊，按某种意义说来，是没有，”哲学家笑着做了纠正，“不过你真会吓唬我，你知道，我本人就是个单身汉，梅小姐。”

“是的，”她轻轻应了一声，声音小得仅能听到。

“而你这些危言耸听的字句……言犹在耳。”

“啊，除非——”

“唉，我们用不着再说‘除非’了，”哲学家洒脱地笑了，“那种情况再没有什么‘除非’了，梅小姐。”

姑娘一跃而起，看着哲学家，张开口仿佛要说什么，而当她把嘴边欲言又止的话语一再斟酌的时候，她的脸又红了。而哲学家的视线已转到姑娘身后闪光的围场上，默默地想出了神。

“阳光真是一片美好。”他说。

姑娘羞赧的脸色转为苍白；她双唇紧闭，转过身缓缓离去，头低垂着，一句话也没有。哲学家听到她的裙裾在果园草丛中发出的嗞嗞声，对她凝望了许久。

“真是一个优美可爱的人。”他笑着对自己说，于是又把书打开，把铅笔拿在手里，食指又用心地滑进尾页。

书还未看完，太阳已过中天，渐渐向西落下。他于是舒展了一下肢体，看了看表。

“天呀，两点了!午饭给误了！”他匆匆站了起来。

他的午饭的确吃得很晚，女房东喊:“什么都冷了，你上哪儿去了，杰宁罕先生?”

“只是在果园里——看书。”

“而且你还没看到梅!”

“没看到梅!你说什么？我今天早上和她谈了半天——谈得有趣极了。”

“可是你没赶上给她送行。难道你居然忘了她是两点钟火车走?你是个多怪的人呀!”

“哎呀!我居然给忘记了！”哲学家很难为情。

“她要我代她向你告别。”

“她真好。我简直不能原谅我自己。”

女房东久久端详着他；后来又直在叹气，笑，又是叹气。

“你要的饭菜都齐全了吧？”

“都齐了，谢谢你，”他答道，面对奶酪坐了下来，把书架在面包圈上——他想他还得看看最后一章，“世界上我想要的东西都在这里，多谢了。”

女房东没有告诉他，姑娘从果园跑进屋后，便匆匆跑上楼去，免得她的朋友从她眼睛里看出她的心事。这样他丝毫没有怀疑到自己曾经获得许婚的机会又把它拒绝了，甚至当他停下书，冒出几句由衷的话时也没有意识到这一点：

“我实在万分抱歉没有见到梅小姐。她讲的那个例子很有趣味。不过，我的答复是正确的，那个女孩子应该嫁给甲。”

姑娘就这样嫁给甲了。

注 释

[1] Love’s Conundrum，by Anthony Hope.

10 氤氲之美

YIN YUN ZHI MEI

最先猜想天地之间有一片交密之气的，大概是两千多年前《易传》的作者。他用了一个形容词：氤氲——

> 天地细缊（氤氲），万物化醇。

以后，这美好而不太可解的词儿便常常伴随着春天、祥云、芳香乃至种种迷人的氛围一起出现。

艺术，也有一定的“气”和氛围，它“望之邈然，即之氤氲”，似乎难以触摸，而又浓郁地弥漫在你周围。它更多地诉诸欣赏者的情感而非理智。在侧重表情的艺术门类中，其魔力甚至比形象本身更为明显。听音乐，人们总是首先感受到浓重的氛围，引起心灵的呼应，而后才可能产生联想，于脑际映现出某种形象。欣赏现代派绘画和朦胧诗，也是如此。站在赵无极的油画前，我们看到的只是色彩的流动，然而流动中分明有一种情绪，一种气氛，蒸腾于画幅之上，令人感动，发人遐思。对于朦胧诗，人们一度聚讼纷纭；但支持者和反对者，都承认它是诗。这就因为，尽管诗的形象朦胧，却自有一种氛围萦绕其间。如果连一点氛围都感觉不到，怕就没有人会替它辩护了。

小说，是侧重描写的艺术，又富于理性色彩，这就使它的氤氲产生一些与众不同的特点。首先，它的氛围与所塑造的形象不可分割，氤氲之美正是通过栩栩如生的形象渲染出来。其次，它的氛围的浓度往往与抒情性成正比，当一部作品向着表情艺术靠拢，具有音乐化和诗化的倾向时，氛围感也比较直接和强烈。

记得第一次读霍桑的《红字》，还在二十多年前。一个中学生，对于那种故事，对于产生那种故事的背景，能有多深的理解呢？然而我却呼吸到一股沉重的空气，心头好像压着一块铅。多少年过去了，书中的人名、情节早已淡忘，但每当别人提起这书，我总会条件反射地感到一种压抑。最近重读一遍，才恍然明了，那令人窒息的气氛，正来自作品塑造的形象，特别是来自丁梅斯代尔牧师。

《红字》的故事发生在17世纪美国东部波士顿城。少妇海丝特·白兰于独居生活中爱上青年牧师丁梅斯代尔，生下一个女孩，根据清教徒法典，被判在胸前佩戴一个猩红的“A”字〔英语“通奸”(Adultery)的第一个字母〕，作为惩戒。本来，只要说出奸夫的名字，就可取下红字，但她没有这么做。这时，失踪的丈夫化名罗格·齐灵窝斯突然来到波士顿。他察觉牧师的隐秘，于是有意以医生的身份与对方接近，在交谈中给对方以无尽的折磨，借此达到复仇的目的。

海丝特蒙受的痛苦和欺辱，对于经历过“文革”、目睹过“挂牌示众”的中国读者来说，是不难理解的。尤其她还带着一个孩子，孩子也受到环境的歧视。环绕着这一形象的氛围本该让人十分压抑，可是由于海丝特性格坚强，“世俗的法律并不是她心灵的法律”，她意识到自己同卑劣的老罗格从无爱情可言，自己的行为无可指责，因此敢于以叛逆的态度面对现实，这就使她的形象于惨淡中透出明朗，伴随而来的气氛也非全然沉重的了。

真正成为悲剧核心的，是丁梅斯代尔牧师。这是一个富于复合之美的形象。他虔敬上帝，又向往爱情；他有诚实的品格，又处在伪君子的地位上；他不止一次、不止百次地准备当众坦白，但又缺乏勇气。作品对这种矛盾心理有很细致的剖析——

> ……他被那牵着他满处乱走的、那种“悔恨”的冲动驱逐到这里来，而这种“悔恨”的嫡亲姊妹与亲密的伴侣，就是“怯懦”。每当前一种冲动逼迫他快要宣布出秘密的时候，后一种冲动便一定用它颤抖的掌握把他拖回去。……只有神经如钢铁般的人才能犯罪，他们或是自愿忍受，或是……立刻把罪恶抛掉！这个柔弱而最敏感的人，两件事都做不到，可是又在继续做，于是滔天罪恶与徒然悔恨的痛苦，纠缠在一起，结成一个解不开的死扣。

我在《悲怆之美》中曾谈过黑格尔的一个观点，即：在深刻的近代悲剧中，矛盾冲突总是不仅表现为对立双方的斗争，而且表现为同一性格内部两种意图、两种伦理观念的斗争。丁梅斯代尔是典型的近代悲剧性格。如果说，一部作品的基本氛围既决定于若干主要人物，决定于这些人物构成的情节和场景，又集中地体现在一个人物身上，那么，《红字》中，正是丁梅斯代尔这种性格，这一形象，给小说蒙上了浓重的阴郁的悲剧氛围。

《红字》富于氛围感，但它制造氛围的方法并不是最好的，更不是唯一的。霍桑似乎太爱自己出面，描述，议论，细致地分析人物心理。而另有一些作家则善于消隐起来，让人物自身去体验，去感受，从而使氛围更有一种弥漫周遭的真切感。譬如英国作家勃朗特姊妹都是渲染氛围的能手。夏洛蒂的《简·爱》有一种既神秘又亲切的气氛。罗契斯特的阴郁、三层楼上的怪笑、吉卜赛算命人、不速之客马逊……都有点神秘，这神秘均为主人公简·爱所触所感，遂使读者备觉亲切。艾米莉的《呼啸山庄》，则于神秘中带有怪异。它的强烈的氛围，也是通过一个次要人物——“我”的经历和感受表现出来的。

氛围决定于形象，而形象总是生活在一定的环境中。所以氤氲之美不单表现于单个人的行为和心理，表现于人与人之间的冲突和交往，而且也表现于环境描写。屠格涅夫的小说大都具有诗意的氛围。这一方面是因为他也善于通过人物去感受一切；另一方面便得力于环境描写，尤其是风景描写。正像列夫·托尔斯泰所称道的:“这是他的拿手本领，以致在他以后，没有人敢下手碰这样的对象——大自然。两三笔一勾，大自然就发出芬芳的气息。”读过屠氏的《猎人笔记》，我们都会闻到这股芬芳的气息，就仿佛自身也处在俄罗斯中部大自然的怀抱里。他的中篇《初恋》，则能将上述两种方法结合起来，通过“我”的感受去写风景，使情语与景语融为一体。譬如当“我”在齐娜伊达家里兴奋地玩了一个晚上后，回到家中，看到窗外的闪电，觉得“与其说它在闪烁，还不如说它像将死小鸟的翅膀那样地颤抖，那样地抽动”。而“这些没有声音的电光，这些短促的闪烁，好像正跟我心里燃烧的神秘无声的情火呼应着”……

其实，风景与人物心理的互相烘托，是历来常用的手法。王国维早就说过:“一切景语，皆情语也。”(《人间词话》) 只是在具体运用中会有熟练不熟练、自然不自然、巧妙不巧妙等等区别。翻开肖洛霍夫的《静静的顿河》，扑面而来的是一股粗犷的哥萨克生活的气息。这气息由勇敢强悍的人物性格挟裹而来，又浓重地扩散在顿河两岸的土地上——

> 柔软的、亲热的、夜的寂静笼罩在草原的上空。露水压倒了青草。微风把小水湾、腐烂的芦苇、池沼的泥土、被露水打湿的青草的混合气味送到哥萨克的宿营地来。偶尔听到几声拴马索的哗啦声、卧倒的马匹打响鼻和哼哼的声音。后来又是昏昏沉沉的寂静，又传来辽远辽远的、几乎是刚刚能听出的野雁的沙哑叫声和稍近一点地方的鸭子的回答声，一阵在黑暗里看不见的翅膀的猛烈震动声。夜。寂静。雾蒙蒙的草原的潮气。……在古老的普斯可夫的土地的上空，银河像一条宽宽的、闪闪发光的、令人难以忘记的大路似的横断过去。

此类描写在《静静的顿河》中很多很多。它把我们带往那个年代、那个地域特定的氛围中。值得注意的是，作者并未选用惊心动魄的词汇，我们却清晰地感觉到了战争的空气、战士的气质。这说明，作品的氛围和情调是一种非常内在的东西，它同题材相关，也同作家个人的风格相关。所以，屠格涅夫笔下的闪电之夜可以和少年人的初恋心理相连，充满柔情蜜意；而肖洛霍夫笔下“柔软的”银河耿耿的静夜，却使我们感到一派肃杀……

对于大部头长篇来说，不仅应有浓郁的氛围，而且须有气氛的转换。一般的转换，诸如矛盾的时松时紧，情节的一张一弛等，我在后面的《起伏之美》中将会谈到。而包括《静静的顿河》在内的所有这类巨著，实际上都不同程度地富于起伏之致。至于有意识地从氛围着眼，像音乐那样，不以故事为程序而以感情为程序，不以逻辑的、外在的因素为先后，而以艺术的、内在的因素为先后的作品，就我所知，只有一部，即罗曼·罗兰的《约翰·克利斯朵夫》。作者自称这是一部“音乐小说”；在定本序言中又指出，作品分为四册，相当于交响曲的四个乐章。

他是这样解释“四个乐章”的不同情绪和氛围的：

“第一册包括克利斯朵夫少年时代的生活（黎明，清晨，少年），描写他的感官与感情的觉醒，在家庭与故乡那个小天地中的生活，——直到经过一个考验为止，在那个考验中他受了重大的创伤，可是对自己的使命突然得到了启示，知道英勇的受难与战斗便是他的命运。

“第二册（反抗，节场）所写的，是克利斯朵夫像年轻的西格弗里德一样，天真，专横，过激，横冲直撞地去征讨当时社会的与艺术的谎言，挥舞着堂·吉诃德式的长矛，去攻击骡夫，小吏，磨坊的风轮和德法两国的节场。这些都可以归在反抗这个总题目之下。

“第三册（安多纳德，户内，女朋友们）和上一册的热情与憎恨成为对比，是一片温和恬静的气氛，咏叹友谊与纯洁爱情的悲歌。

"第四册（燃烧的荆棘，复旦）写的是生命中途的大难关，是'怀疑'与破坏性极强的'情欲'的狂飙，是内心的疾风暴雨，差不多一切都要被摧毁了，但结果仍趋于清明高远之境，透出另一世界的黎明的曙光。"

我在前面已经谈过，当一部作品向着表情艺术靠拢时，氛围感特别浓烈。《约翰·克利斯朵夫》正是这样一部小说。它尽管篇幅宏大，并不以塑造众多的人物、反映广阔的生活为能事。罗曼·罗兰非常崇拜贝多芬。他的小说以一个贝多芬式的音乐家的一生为主干，着重展现的又并非人物的曲折经历，而是人物在生命途中各个阶段丰富的内心生活。这就使小说的情节性降到次要地位，抒情气息大大加强，氤氲之美流溢于字里行间。

与此种追求相适应，小说的结构也类似交响曲的四个乐章。关于各个"乐章"的情调，作者本人已说得很清楚。可以补充的是，这不是一部普通的交响曲，而是一部贝多芬风格的交响曲。举凡"第三"（英雄）、"第五"（命运）、"第九"（合唱）中表现的情感和氛围，我们均可在小说中获得类似的体验。贝多芬的英雄性作品都有一个共同的基调：从黑暗到光明，通过斗争走向胜利。而约翰·克利斯朵夫的一生也正是从黑暗到光明，通过斗争走向胜利的一生。罗曼·罗兰是个人道主义者。他所主张的"英勇的受难与战斗"都和"人类团结"的目标相联系。他心目中的英雄也不是"用思想或用武力取胜"的人，而是具有"伟大的心"、"对一切人都友爱的心的天才"。他饱含热情地歌颂这样的英雄、这样的精神，遂使小说充满雄浑之音。

然而，正如贝多芬交响曲中都有抒情的慢板乐章，《约翰·克利斯朵夫》在总的雄浑基调中也有温柔和婉的篇章。这种氛围的变化与情节性小说中常见的跌宕起伏颇不相同，它没有悬念的设置和解答，强悍处并不令人紧张，柔婉处也不让人松弛。对于专爱寻找故事的读者来说，它不啻为一个难啃的果子。对于喜欢沉浸在氛围中的读者来说，它却具有难以言说的美。他们将随着“乐曲”的进行，品味人生的少年、青年、壮年、老年，有时如临疾风暴雨，有时又恍惚沐浴在和煦的阳光下……

近几年，我国也出现一批被称为具有诗化、散文化倾向的小说，其共同特征是情节性削弱，氛围性增强。由于这种尝试大都限于中短篇领域，在进行比较时人们好像不太注意《约翰·克利斯朵夫》，提得较多的倒是契诃夫的《草原》。这也很自然，因为《草原》确富氤氲之美。用一位苏联人的话来说，它是一部“音乐与文学有机结合的作品，其中不仅有音乐的抑扬顿挫，还有音乐的流畅和抒情的感染力”。(叶·巴拉巴诺维奇《契诃夫与柴可夫斯基》)

在我国出现的这类小说中，给我印象较深的是《北方的河》和《我的遥远的清平湾》。前者，从景物对人物的映衬角度去看，有轻重失调之感；若从氛围着眼，则不能不赞叹它那壮美的笔调，强悍的气势。后者，似与《草原》的风格更为相近。没有完整的情节，也没有明确的主人公，描写的重点有时是破老汉，有时又变成牛。说到底，它重在抒情，抒发的是“我”对陕北农村生活深情的回忆，切身的感受。记得小说刚在《青年文学》发表时，一些评论文章亦曾把它和音乐联系起来。这不仅是因为破老汉在小说中唱了几段陕北民歌，更主要的是小说有一种气氛，深沉，浑厚，古老，热烈。看——

> ……火红的太阳把牛和人的影子长长地印在山坡上，扶犁的后面跟着撒粪的，撒粪的后头跟着点籽的，点籽的后头是打土坷垃的，一行人慢慢地、有节奏地向前移动，随着那悠长的吆牛声。吆牛声有时疲惫、凄婉；有时又欢快、诙谐，引动一片笑声。那情景几乎使我忘记自己是生活在哪个世纪，默默地想着人类遥远而漫长的历史。人类好像就是这么走过来的。

任何人，看了这幅图画，恐怕都会像“我”一样心潮起伏，思绪万千。而这种心理活动与欣赏音乐的情景是颇为相似的。

11 真切之美

ZHEN QIE ZHI MEI

优秀的艺术，都能引起人们的共鸣，而细节宛如一条引线，它把人引进那共鸣山谷，于是创造者和欣赏者的心脉跳动在一起，血液奔流在一起，悲歌欢笑都在一起，山鸣谷应，一片和声融入苍穹……

光有情节没有细节的小说，犹如一棵树失去了槎枒的细枝、纷披的绿叶。光有人物没有细节，则其人只是一具枯骨。

所以，巴尔扎克说："……当一切可能的结局都已准备就绪，一切情节都已经加工过，一切不可能的都已试过，这时，作者坚信，再前一步，惟有细节将组成作品的价值。"

巴尔扎克的结论显然来自创作实践。他的《夏倍上校》写一个拿破仑时代九死一生的老军人，终于被贪婪的妻子侵吞了财产。故事很悲凉。这悲凉由主人公夏倍的性格和遭遇所引起，而这性格和遭遇正由一系列细节所完成。小说的第一句话就是一个细节：

"哎唷！咱们的老卡列克又来了！"

“卡列克”是一种早已过时的大氅，上校穿着那么一件“全是油迹的破卡列克”，境遇的凄凉就不言而喻了……

他第二次来到事务所时，又出现一个细节：

> ……老人赶紧脱下帽子，站起来行礼；不料衬在帽子里面的那圈皮，油腻很重，把假头发粘住了，揭落了，露出一个赤裸裸的脑壳：一条可怕的伤痕从后脑起斜里穿过头顶，直到右眼为止，到处都是鼓得很高的伤疤……

这细节表面上只是揭掉一个假发，实际上雄辩地展示了一个半生戎马的军人的历史。面对着这惨不忍睹的头颅，诉讼代理人连一点好笑的心思都没有了，深信眼前站着的即使不是夏倍本人，也是个“了不起的军人”。而他旧日的光荣更衬出了今日的不幸和世道的不公。

此类细节在巴尔扎克作品中可说比比皆是。正如“卡列克”是夏倍其人的一个组成部分，谈生意时的“口吃”对于葛朗台也不可或缺。同样，没有那难以抑制的口腹之欲，就没有邦斯舅舅；没有那出奇的自我省俭，也没有高老头。从某种意义说，《人间喜剧》的巍峨大厦正是由无数细节的砖瓦椽檩砌构而成。

细节的生命在于真实，在于贴切。真切的细节才能唤起美感，使人恍恍然如临其境。失真，立刻使人省觉，美感旋即消失了。这样的例子举不胜举。前些年，法国19世纪农村风景画在京展出。我走进大厅，只见一幅画前人头攒动；近前一看，原来是布拉斯卡萨的《角斗》。图中两匹公牛拼死相搏，其中一匹已被逼到沟边，一只脚已经踩到沟中，仍毫不退让。牧人挥起棒来吆喝，狗跟着主人一起狂叫，它们都充耳不闻，只顾一个劲地向前抵去。画面的每一个细节，牛、牧人、狗的每一个动作都极为逼真，于是共鸣发生了。

那时，我不由想起了中国画史上的一则著名故事：戴嵩是唐代的画牛名手。一次，蜀中有位杜处士，买到一幅戴画的斗牛图，喜不自胜。然而，一位牧童见了，却笑起来："牛打架时，角用劲，尾巴不用劲，所以尾巴总是垂在屁股后面。这画上的牛，尾巴高高翘起，错啦！"我又特地看了一眼布拉斯卡萨的《角斗》：不错，尾巴轻悠悠地垂着呢。

真切之美由何而来？我想，无非，第一，要反映物象的真实面貌；第二，要有真情实感。我国六朝时期的大美学家刘勰说得好：

> 写气图貌，既随物以宛转；属采附声，亦与心而徘徊。（《文心雕龙·物色》）

"随物以宛转"，就是随着"物"的变化描写得惟妙惟肖。《角斗》为什么引人入胜？因为斗牛本来就是这样惊险。巴尔扎克的小说细节为什么活灵活现？因为性格的发展、生活的进程本来就该如此。我们当然没有见过高老头，但读罢小说，完全可以相信，一个爱女心切的父亲是会作出这一切牺牲的，而在那金钱社会里，他的牺牲又必然导致凄凉的结局。

我国的吴敬梓，也是一位描写细节的大师。《儒林外史》从结构来说，十分涣散。书中人物，往往演完自己的一段故事，便即消失；然而就在那短暂的表演中，不少人已经淋漓尽致地显示了本相，成为文学史上的著名典型。究其原因，无不与细节描写相关。服丧中的范进不用银箸牙筷，却在燕窝碗中拣一个大虾元子送进嘴里；临终时的严监生伸出两个指头不肯瞑目；不都是令人叫绝的镜头吗？

归根结底，是细节描写的毕肖带来了形象永恒的魅力。

有一个人，不属于“儒林”，但表演之精彩，不下于任何一位“方巾”，此人即胡屠户。从他身上，可以特别清楚地看到作者“随物以宛转”的描写功力。范进中秀才时，这位老丈人手里拿的是“一副大肠和一瓶酒”；等到女婿中举，他的贺礼也立刻升级，变成“七八斤肉，四五千钱”了。以前，他对女婿任意打骂；而此时，尽管为了治病，却只打了一下，“那手早颤起来，不敢打到第二下”；回家时，他“见女婿衣裳后襟滚皱了许多”，又“一路低着头替他扯了几十回”。过去，他教训范进：“比如我这行事里，都是些正经有脸面的人，又是你的长亲，你怎敢在我们跟前妆大?”现在，女婿家来了贵客，他却“忙躲进女儿房里，不敢出来”。所有这些前倨后恭的表现，都极符合胡屠户的性格。作者通过范进地位的变化，将一个小市民的势利嘴脸活画出来。正是从那随物宛转的笔致中，我们充分领略到细节的真切之美。

细节失真，主要由两个原因造成：一是缺乏生活知识，二是粗心和疏忽。生活知识，可以是直接的，也可以是间接的，倘若二者俱无，就难免露出破绽。记得解放前，谭正璧编过一本《当代女作家小说选》，其中有张爱玲的《倾城之恋》、苏青的《蛾》、周炼霞的《佳人》，都不失为可读之作。然而有篇《庐山之雾》，却叫我读着难受。小说写一个看护与阔少的庐山之恋，大概为了宣扬两人情致的高雅吧，中间很生硬地插进一段拉“梵华铃”（小提琴）的情节，可是由于作者并无这方面的修养，反而使人感到很酸。有这么一段对话：

“这是 Beethoven 还是 Chopin 的曲子呢？”我问。

他淡淡的一笑:“都不是。”仍旧不住地拉着梵华铃。

“那一定是 Schubert 的了。”

读到这里，我不觉哑然失笑：且不说贝多芬、舒伯特和肖邦的乐曲风格全然不同；作者竟连肖邦是钢琴大师都不知道！

“四人帮”粉碎后，刊物上也出现过不少爱情加艺术的小说。由于十年动乱对爱情和艺术都摧残得太厉害，一旦禁区突破，人们起来讴歌爱情，赞美艺术，可以说是一种必然现象。但是由于某些作者并不熟悉艺术，所以写来也常有漏洞迭出之感。有人喜欢写模特儿，但自己打量模特儿的一双眼睛却分明不像画家的眼光。也有人写才华卓具的小提琴手，而拉的曲子竟是知青中流行一时的苏联歌曲。诸如此类令人啼笑皆非的细节也出现在其他题材的作品中。我常常想，为什么这些作者不去写自己熟悉的生活呢？碰到生疏问题时，又为什么不能像茅盾写《子夜》、曹禺写《日出》那样实地调查一番呢？或者，至少翻翻书也好呀！作家写生活，不能有哄外行的想法，必定要让懂行的知情人见了也点头，作品才算真正站得住脚。试看巴尔扎克写邦斯舅舅的古董癖，自己对古董是多么内行；罗曼·罗兰写《约翰·克利斯朵夫》，自己对音乐是多么有研究；德莱塞写《“天才”》，自己对绘画又是多么熟悉。我在《复合之美》中曾谈到一位侨居美国的加拿大作家阿瑟·黑利，其人也许算不上大作家，但是他每写一部作品必花一年时间先作调查的精神却可赞可佩。唯其如此，他写的行业虽多，细节却很少失误。

谈到粗心和疏忽，我想起了张抗抗。在近年来涌现的青年作家中，我很喜欢她的作品。它的若干特色，我将另文评述。这里，我想指出的是她的一个毛病，即细节描写的不严谨。譬如，获奖小说

《夏》中，照片是个带有“引爆”性质的重要细节。它第一次出现时，作者这样描写：

> 那是一片辽阔的大海……海岸边一块巨大的礁石上，坐着一个女孩子……扎着两把刷子，扬着头，面对大海沉思……

很清楚，照片中的人是面向大海，让“两把刷子”冲着镜头的。可是翻过两页后，作者又这样描写：

> ……我在第一眼看见照片上的岑朗的时候，她那天真无邪的脸上那种深思的神情曾使我深深震惊。那一双闪闪发光的眼睛比海浪和水珠更清澈、明净……

这里，女孩的头转动了一下，变成脸冲着镜头，背对着大海了。倘非特技，这样的“照片”怕是拍不出来的。

一般来说，大部头长篇小说，较易出现细节疏漏。所以秦牧有次在给姚雪垠的信中说：“一部头绪纷繁、经纬万端的长篇历史小说，使得作者在写它的时候，忙碌得像个电话总机的话务员似的，偶尔顾此失彼，也是可以理解的。”言下之意，是关照后者仔细更仔细。如果说，长篇巨著的细节都应力求严谨，那么，中、短篇小说就更不该有丝毫的疏误了。高尔基的《二十六个和一个》，对面包坊的细节描写稍有失误，立刻受到托尔斯泰的批评。大师们这种一丝不苟的精神很值得今天的作家学习。张抗抗是个富于想象的作家，我猜想她在构思时，一定从多种角度想象过岑朗坐在海边的情景，遗憾的是她忘了照相机只能有一个角度。

细节失真直接影响审美效果。但是，却不能把艺术上必要的夸张、变形、虚构、想象都指为失真。国画家程十发笔下的李白，脖子特别长。曾经有人产生疑问：正常人难道有生这种长颈的吗？其实，程十发是受了一个外国人的影响。一次，他翻阅一本关于肖邦的画册，发现内有多幅肖邦遗像，而以波兰画家普特碎斯基画得最为传神。普氏所画的遗像，颈子略呈弓形，比肖邦本人的脖子长了一些，然而非常逼真地表现了肖邦敏感的气质，虽是遗容，却富有生气。这给了程十发以启发。他画的李白并非遗像，但是，想起李白那狂放、高傲、举头天外、神游八极的性格，怎样表现呢？把脖子加长。用解剖学的眼光去看，这简直无法解释；用艺术的眼光去看，便发现，经此夸张，确实使李白的形象更生动、更传神了。

同样，严监生弥留之际还能伸出两个指头，这在病理上也大可推敲，但在文学上却谁都相信：这正是一个悭吝人临终时的典型表现。

上面我所谈的，都是细节的物貌之真。但是真切之美，不仅表现为物貌，而且表露为情思。刘勰在强调“随物以宛转”的同时，还说了另一句话：“属采附声，亦与心而徘徊。”我们借用来谈细节，也就是说，细节描写，不但要有真貌，而且要含真情。

真情的流露，有时可以很直接。如《茶花女》中，写亚芒与玛格丽特的最后一次会面，其时他正处在一种又爱又恨的复杂心情中，因此通过他的嘴叙述出来的细节就带有浓厚的感情色彩：

……在她热昏的狂爱中，我爱她爱到心里自问，为了不让她再属于别一个人的缘故，我是否要杀死她。

> …………
>
> 玛格丽特脸上青灰颜色。她一句话也不说。大滴的泪珠不时从她眼里流出，停在颊上，晶莹得像几颗钻石……
>
> …………
>
> 她走了之后，我被她留下的寂寞吓住。她去后两个钟头我还坐在她适才离去的床上，凝望着床上的枕头，上面还留着她的形象的褶纹，一面我又自问着在爱恋与嫉妒之间我将怎样办法。
>
> …………

也有些小说中，细节描写看似非常客观，不带主观色彩，实际上那细节本身已含蕴着作者强烈的喜怒爱憎。这种写法就比《茶花女》更为高明。譬如鲁迅的《祝福》，同样是第一人称小说，但作者对祥林嫂的同情却显得含蓄而深沉：

> 我这回在鲁镇所见的人们中，改变之大，可以说无过于她的了。五年前的花白的头发，即今已经全白，全不像四十上下的人，脸上瘦削不堪，黄中带黑，而且消尽了先前悲哀的神色，仿佛是木刻似的，只有那眼珠间或一轮，还可以表示她是一个活物。她一手提着竹篮，内中一个破碗，空的；一手拄着一支比她更长的竹竿，下端开了裂：她分明已经纯乎是一个乞丐了。

这段描写中，“间或一轮”、“破碗”、“空的”、“比她更长的竹竿”、“下端开了裂”，都是为人称道的著名细节，它们细腻地反映出祥林嫂悲苦的命运，又默默地倾诉着作者的悲哀、同情、忧郁和愤怒……

貌真和情真其实是个老生常谈的问题，只是中国自来对诗歌的重视远远胜过小说，所以人们总是更多地从诗的角度来谈罢了。直到清代的袁枚，也还是在诗论中反对“敷粉施朱”的假貌和“伪笑佯哀”的虚情。他有一个比喻，含意殊深，我就引在下面，用以结束本文吧！

> 以千金之珠易鱼之一目，而鱼不乐者，何也？目虽贱而真，珠虽贵而伪故也。（《小仓山房文集·卷三十·答蕺园论诗书》）

※**附记**※

此文将“细节失真”与“艺术上必要的夸张、变形、虚构、想象”作了区分。文章发表后，偶阅《歌德谈话录》，又受到新的启发。

那是1827年4月18日晚上，爱克曼在歌德家中观看一幅吕邦斯的风景画，惊讶地发现画中光线是从两个相反的方向射来的，然而效果甚佳。于是他问歌德：文学中是否也有类似手法？歌德当即以莎士比亚悲剧《麦克白斯》为例，指出剧中麦克白斯夫人曾说“……我喂过婴儿的奶……”，说明他们有孩子；但后来麦克达夫又喊道:“他（指麦克白斯）没有儿女啊!”这显然是矛盾的，“但这个矛盾并没有使莎士比亚为难。他要的是加强当时语调的力量。”

歌德接着说，“一般地说，我们都不应把画家的笔墨或诗人的语言看得太死、太窄狭。一件艺术作品是由自由大胆的精神创造出来的，我们也就应尽可能地用自由大胆的精神去观照和欣赏。”

艺术既要反映自然，又不能过于死板和拘泥；艺术家和欣赏者都要有自由大胆的创造精神。——这些观点原则上都是正确的。但就细节而言，对于不同门类、不同样式、不同风格和不同创作方法的作品，要求也不相同。麦克白斯有没有儿女，在莎士比亚戏剧中不妨模棱两可；而在现实主义小说作品中，如出现此类矛盾，就不能不认为是一个疏忽和失误。唯其如此，巴尔扎克、托尔斯泰、高尔基等才那样一丝不苟地对待细节。

歌德认为，莎士比亚所以让麦克白斯夫人和麦克达夫喊出前后矛盾的话语，是为了加重语调。换句话说，就是要加强人物语言的感染力。那么，小说中，有时为了渲染气氛，加强作品的感情色彩，是否也可在细节上有所变通呢？答案应该是肯定的。这样看来，我对《夏》中照片的批评也许过苛了。因为这里的细节问题远不像《麦克白斯》那样明显（实际上作者本人和多数读者均未觉察），而作品对照片的反复描绘正是为了烘托气氛，强调女主人公特别是她的眼睛、她天真的外貌和深思的神情在“我”心中留下的深刻印象。

12 缜密之美

ZHEN MI ZHI MEI

小说的结构，不像建筑那样惹人注意。人们游览宫殿、庙宇或园林，自然而然会被其结构所吸引：呵，多么宏伟，多么复杂，多么精巧！读小说，关心的只是情节的开展，人物的命运。真可悲，真可惜，真可笑！——人们在感叹。以后呢？为什么？——人们在思索。至于结构，除了专门的研究者，常人是很少去过问的。

然而，小说离不开结构。尽管现在国外和国内都有人主张，小说可以无人物，无情节，无细节；却没人敢说，小说可以无结构。因为只要有小说这个实体，就必然有结构，除非是连前者都没有。英国的形式改革派作家约翰逊，写了一部《不幸者》，据说没有时间顺序，印成后既无页码，也不装订，散放在一个盒子里，读者可从任何一部分开始读起。即便如此，它也有结构，不过是一种“散装结构”罢了。

小说之美也离不开结构，不论你是否从理性上认识到。一部小说，结构完好，必会给你带来审美愉悦；结构不良，则必然影响审美感受。

最近，吴小如先生在一篇短文中谈到，中国小说史上，几部著名的长篇，除《红楼梦》因全书未完，无法臆测外，其余都是前半部写得精彩，后半部写得失败。《三国演义》，一到关羽走麦城，读者就开始兴致大减；等到诸葛亮一死，故事更是味同嚼蜡，令人不忍卒读。《水浒传》，写到梁山英雄排座次，便再也无法保持前七十回的思想艺术水平。《西游记》，最精彩部分也在前面；“八十一难”，写到后来，便有拼凑之嫌。《金瓶梅》中，西门庆一死，后文便成强弩之末。《儒林外史》的后一半，也使人读了乏味。吴先生认为，这个现象，值得探索、研究。（见《光明日报》1984年6月12日3版）

我于小说史缺乏系统研究，对这样的问题不敢妄充解人。但有一点，似乎是明白的：这些古典长篇，结构上都还不够完美；而结构的不完美，立刻减弱了读者的审美感受。结构属于形式范畴，归根结底要为性格、为情节服务。当人物性格尚在形成、发展，情节尚未走向高潮时，读者的兴味只会增浓，不会减弱。一旦性格已经塑造完成，情节已经达到高潮，作品应当赶快收尾，不能拖沓，否则必使读者感到厌倦。即以《三国演义》而论，自从诸葛亮出山，就成了读者最关注的中心人物，小说的浪潮起伏大都同他联系在一起。他一死，姜维既不能接替他在蜀国的地位，更不能取代他在读者心目中的地位，后十几回的败笔就可想而知了。试想小说若能结束于“死诸葛吓退活仲达”，其审美效果恐怕要好得多。当然，这不能苛求于罗贯中。他写的是演义小说，自然要写到“三分归一统”为止。

那么，什么是小说的结构之美呢？我以为，结构之美，美在谨严，美在缜密。我国古代文论家，喜欢把结构比为造房子和缝衣服，而造房和缝衣的关键就在谨严和缜密。刘勰曾说，结构安排正如“筑室之须基构，裁衣之待缝缉”，应当“总文理，统首尾，定与夺，合涯际，弥纶一篇，使杂而不越”。(《文心雕龙·附会》)翻成白话，大意就是：写作，要总观全文的主要意思，从头至尾保持连贯统一，对材料要剪裁取舍，并巧妙地连接起来，使作品成为一个整体，内容丰富而不松散。一句话，就是要结构谨严。李渔《闲情偶寄》，则专以缝衣为譬，来强调结构的缜密之美：

> 编戏有如缝衣，其初则以完全者剪碎，其后又以剪碎者凑成。剪碎易，凑成难。凑成之工，全在针线紧密；一节偶疏，全篇之破绽出矣……

刘勰和李渔，谈的是诗文戏曲，但其基本精神对小说也是适用的。谨严、缜密总比疏漏、松散好。我没有读过约翰逊的《不幸者》，窃以为那样的散装玩意儿不会有真正的艺术魅力。我国古典诗体中，早就有一种回文诗，可以从第一个字顺着读下去，也可以从最后一个字倒着读上来。还有一种文字游戏，是把若干字排成一个圆形，顺着读上几圈便成为一首诗。这些作品的结构都堪与《不幸者》“媲美”，作者似乎也下过工夫，可惜，成功之作一首也没有。再看《三国演义》、《水浒传》等古典长篇，结构上自然有许多特色，许多创造，而其主要毛病乃在剪裁失当，不够缜密，以致后半部成了蛇足。

谨严和缜密，代表着结构的总要求、总体美。在这总体之下，结构可以有种种具体的讲究。从情节的开展说，可以是单线，可以是复线；从事件发生的时间说，可以顺叙，可以倒叙，也可以从中途叙起；从人物的关系说，可以有一个主人公，也可以有许多主人公……对此，据知有人已经或正在著书立说，专谈结构方式。杂志上也有《小说结构法例析》一类文章。本文限于篇幅，不可能一一介绍。但我以为，不论何种方式，都应具有缜密之美；愈是谨严缜密，给人的美感也愈强。

单线结构，是小说最常见的结构。短篇小说因其短小，为避免枝蔓，线条总是比较单一。中长篇小说，也有不少采用单线进行。单线的优点是脉络清晰，情节集中。不过，由于各个作家风格不同，技巧迥别，同是单线，可以变出种种花样，异彩纷呈。特别是在中国小说与西洋小说之间，那鸿沟非常鲜明。

熟悉中国传统艺术的人，都知道线条的重要意义。中国画，以线条为主要表现手段。中国民族音乐，特别讲究旋律，而旋律正是听觉艺术中的一条“线”。同样，中国的小说，特别注重情节，这情节总是一波三折，紧紧扣住读者的心弦。在前面举过的那些古典长篇的前半部分（如《水浒》的前七十一回）中，结构的缜密与情节的逶迤有机地交融在一起。

西洋艺术，却十分注重“团块”。从古希腊到近代欧洲的绘画、雕塑，都是团块的造型。西洋音乐，一千多年前就有了和声，那是听觉艺术中的团块结构。同样，西洋小说，发展到一定阶段，便开始注重场面；而场面，正是小说中的“团块”。即便在单线小说中，场面描写也不可或缺：情节由场面连缀而成；性格从场面中展示出来。

譬如果戈里的名著《死魂灵》，是一部情节简单的单线小说。第一部共十一章。第一章写乞乞科夫来到N市，准备遍访四郊的庄园主，购买死魂灵。第二至第六章，分别写他对五个庄园主的拜访。第七至第十一章，写他回到市区以后如何忙于办理死魂灵“买卖”的法定手续，以及这一奇特的“买卖”在官员与市民中引起的混乱。

这里，没有什么引人入胜的故事，展示的无非是一些外省地主的日常生活场景。但，正是在这种貌似平淡的展示中，一个又一个农奴主活跳新鲜地走了出来。其中有懒散的、甜腻腻的梦想家玛尼罗夫，有俭朴、吝啬、好猜疑的寡妇科罗皤契加，有好吹牛、会花钱、爱逛荡的饮酒英雄罗士特来夫，有外貌像熊的诽谤者、贪食者梭巴开维支，有家境虽富却过着乞丐般生活的极度悭吝的老头泼留希金，更有主人公乞乞科夫这样“得利的天才”。《死魂灵》的结构十分单纯，反映的生活却异常丰富。它的缜密之美就产生在单纯与丰富的有机结合中。

类似的例子，还可举出很多。司汤达的《红与黑》，便是通过于连的冒险经历，再现出法国社会从外省到巴黎、从底层到上层的生活图景，折射出1830年7月革命前的政治形势。小说的结构、情节都不复杂，包含的生活内容却深刻而丰富。屠格涅夫的中长篇，都是单线结构，也并不依靠紧张曲折的情节取胜，而是通过一些场面，常常是客厅对话的场面，把人物的个性气质、音容笑貌一一刻画出来。

复线进展的小说，结构自然比单线复杂。其中往往有一条是主线，另外一条或若干条是副线。其结构的缜密首先就表现在主线与副线的配搭上。茅盾的《子夜》，原来的计划是双线发展，一条写城市，一条写农村，通过两条线的交错、对比，反映出30年代中国社会、中国革命的全貌。可是由于作者对当时农村革命势力的发展情况，连“第二手”资料都很缺乏，因此刚刚在小说的第四章写了一次双桥镇暴动，便不得不把这条线收束了。这样的处理比写不出硬写自然要好得多，但在结构上不能不有损于这部杰作的缜密。作者自称《子夜》为“半肢瘫痪”的作品，是过谦了；然而那第四章确乎游离于全书之外。

双线配搭得最分明、最匀称、最和谐的是托尔斯泰的《安娜·卡列尼娜》。这部长篇有两组人物、两条线、两种生活。安娜、渥伦斯基的线连向虚伪矫饰的都市生活；列文、吉提的线则连向宗法制的庄园生活。整部小说便在两条线时而交错、时而平行的关系中进展。作者自己对此结构是十分得意的。当拉钦斯基给他去信，提到小说的两个主题之间缺乏联系的时候，他答复说：

> ……相反地，我以建筑术自豪，——拱顶镶合得那样好，简直看不出嵌接的地方在哪里。我在这方面费力也最多。结构上的联系既不在情节，也不在人物间的关系（交往），而在内部的联系。

的确，《安娜·卡列尼娜》中双线之间的镶合、嵌接，堪称天衣无缝，进入了结构艺术的缜密之境。

复线，不一定都是双线。双线，也不一定总是交错或平行。“法有死法，有活法”（叶燮）；“定体则无，大体须有”（王若虚）。我国古代文论中的这些话对于小说也颇适用。奥地利作家茨威格死后才发表的《象棋的故事》，是部很独特的中篇小说。里面有两根线，却并不平行，而是一前一后，中间打个结，拉成一根线。前线叙述象棋世界冠军琴多维奇的故事；后线叙述B博士的故事。他们在远洋轮上相遇、对弈的场面则构成中间那个结。作品的结构方式非常别致，却不失其缜密之美。姚雪垠的历史长篇《李自成》，因规模宏大，试图反映明末社会生活的全景，就采用了多线交错、大起大落的布局。其中李自成领导的农民起义军和明王朝之间的斗争成为小说的

矛盾主线；而明清之间、清顺之间以及明朝统治阶级内部和农民起义军内部的斗争又构成多条矛盾副线。至于这么多线，如何有机地组织到一部小说中，达到匀称、平衡、缜密，那是需要专文探讨的问题了。

缜密的对立面是松散和拖沓。为了避免“散”和“拖”，历来的作家做过许多探索。一个常见的手法是把故事集中在一天或几天时间中，另一个常见的手法是采用倒叙或插叙，而这两种手法又常常被合并起来使用。

意大利作家皮蓝德娄的《西西里柠檬》，写的是一个名叫密库乔的乡村长笛手，变卖财产，将未婚妻苔莱季娜送去拿波里音乐学院深造，对方成名以后立刻变了心。此类故事，倘若平铺直叙，很可能衍为中篇或长篇，弄得不好，不仅拖沓，而且俗套。现在作品却从两人的最后一次会面写起，让密库乔带着西西里柠檬前来她的寓所探望。他被佣人安排在厨房中等候。过去的事都通过等候时间的回忆倒叙出来。这样，不仅情节集中，而且对照强烈：客厅里，她和客人们笑语喧哗；厨房中，他恍明真相，悲愤失望。这是一个凄惋的短篇，而风格的凄婉正同结构的紧凑联系在一起。

苏联小说《这里的黎明静悄悄》和我国青年作家魏继新的《燕儿窝之夜》又是一种写法。两部中篇都有重大的题材，严肃的主题。前者写卫国战争；后者写四川人民同特大洪水的搏斗。参加战斗和搏斗的，是女战士和女民工。她们每个人都有一段平凡而又各异的经历，这经历与她们性格的形成关系至密。小说的结构倘若处理不当，也很可能写成一个散漫的长篇。现在，作者刻意经营，把情节凝聚在很短的时间里，特别是后者，所写的不过是一夜之间的事，人物的经历只是在写到某个人时顺便插叙进来，于是结构顿时显得集中了。对敌人的战斗、与洪水的搏斗成为小说的主干和主流，个人的悲欢离合则成为主干上槎枒的分枝，主流中婉丽的支流。

美国的海明威，是开一代文风的大作家。他的文字直截了当，对话颇似电文。作品结构也很有讲究，不但紧凑，且具电影特点。反映西班牙内战的长篇《丧钟为谁而鸣》，是他的代表作之一。全书情节浓缩在三天之内。由于作者描写的是一次炸桥任务，时间的限制便在读者心里造成了最大限度的紧张。同时，从小说的节奏来看，前半部（前十九章）写炸桥的准备，动作比较舒缓；后半部（后二十四章）写炸桥计划付诸实施，步子便越来越快。作者为了加快速度，还不断地采用“平行剪辑”，从乔丹跳到“聋子”，再跳到贝仑多中尉，从而以最简练的笔墨描画出战争的恐怖。此外，小说还运用了“闪回”、“内心独白”、“调整焦距”种种电影化的手法。这又是一个需要专文探讨的问题了。

13 健举之美

JIAN JU ZHI MEI

又是一年春暮，我回到阔别已久的江南。依然是飘忽的杨花，飞来窗外；迷蒙的雨幕，罩在屋前。我倚窗凭眺，一联熟悉的词句跳上心头：

自在飞花轻似梦，无边丝雨细如愁。

这是秦观的《浣溪沙》。在我读过的《浣溪沙》中，它最令我喜爱。晏殊的“无可奈何花落去……”，虽更为人熟知，却颇似文字游戏。秦词才用奇警的譬喻，写出了寂寞的心境，淡淡的忧愁。

但是说来也怪，我读此词，从来是读到这里就刹住，很少再去读它的结尾：“宝帘闲挂小银钩。”当然不能说尾句很糟，事实是《人间词话》还引了它，用来说明诗词的“境界有大小，不以是而分优劣”。但我还是感到不满足，总觉得前两句诗味过于醇厚，结句稍嫌平庸，便不足以析酲解愠。

清代有位提倡“神韵”说的诗家，别号渔洋山人，照钱钟书先生的说法，其人“天赋不厚，才力颇薄”（《谈艺录》）。但他有些话还是说得很精辟。关于诗的结尾，他就说过：“为诗结处总要健举。如王维：‘回看射雕处，千里暮云平。’何等气概！”（《然镫记闻》）“健举”就是让尾巴有力地翘起来。越是精彩的作品，越要有健举的结尾。只有结尾得力，才能与前文铢两悉称；只有结尾不凡，才能余音缭绕，回味无穷。

结尾的讲究，并不限于诗。但凡时间艺术，都面临一个如何结尾的问题。对音乐和抒情诗来说，结尾是情感的归宿；对小说和叙事诗来说，结尾是主题的完成。一部作品，开头和中段尽管精彩，结尾贫弱，就成了狗尾续貂，令人扼腕。

我不懂词。我对“宝帘闲挂小银钩”的感觉可能是一种无知的错觉，然而我却知道，大艺术家对待结尾都异常认真。舒伯特的《未完成交响曲》，第一、第二乐章极为优美，第三乐章只写了九小节就搁下了。这位大师宁愿作品残缺也不愿勉强续成一个平凡的结尾。《水浒传》在梁山英雄排座次以后愈写愈差，于是金圣叹拦腰砍掉五十回，使它变成一个“断尾巴蜻蜓”，这“蜻蜓”从此代替那甩着臃肿尾巴的一百二十回本在读者中广泛流传起来……

与上述事例相反，艺术史上有些作品是以结尾美妙著称于世的。以诗言之，钱起的《闻湘灵鼓瑟》，最为人传诵的是它的结句：“曲终人不见，江上数峰青。”以音乐言之，贝多芬的第九交响曲，创造性地引进合唱，这合唱经作曲家反复琢磨，被采用在结尾——第四乐章。当全曲在《欢乐颂》的壮丽歌声中结束时，一阵自由的旋风掠过，所有听众的心都被深深震撼了。以小说言之，欧·亨利是专以结尾见长的作家。《麦琪的礼物》、《警察与赞美诗》、《最后的藤叶》……所有这些名篇，都有一个浪漫色彩的收尾。在出奇制胜的手段运用上，无人堪与匹敌。

结尾，是一门艺术。从某种意义说，它比开头更难，也更重要。它考验着每一个诗人、小说家和作曲家。

结尾诚然重要，结尾的手法并无一定之规。就小说而言，它可以出人意料，可以渲染气氛，可以发人深思，可以预示未来……

出人意料，就是以意外的结局来收束全篇。按照心理学的观点，奇怪的、新异的事物总是更易引人注意。一篇小说，看了开头，便知结尾，其吸引力是不会很大的。我国古典小说家们好像早就明乎此理，所以章回体长篇的每回结尾都要突生变故，造成悬念，目的就是让读者的注意继续集中在未来的故事上。短篇小说也喜欢以异常的情节和结尾来吸引读者。仅从《拍案惊奇》、《今古奇观》、《今古奇闻》等书名，便可窥知编选者的此种心理。可是由于古典小说摆脱不了“善有善报、恶有恶报”一类观念，因此同古典戏曲一样，最终往往免不了“大团圆”，这就给它的“奇”带来了局限。即便像《乔太守乱点鸳鸯谱》这般离奇的故事，其皆大欢喜的结局又似乎正在我们料想之中。同样的情形也存在于世界其他国家的早期小说包括民间故事中。譬如著名的《一千零一夜》，叙述的故事不可谓不奇，但几乎每个故事的结尾都是大同小异的一句话：

……他们过着快乐、幸福的生活，直至白发千古。

随着小说的发展，这种千篇一律的结尾方式早已成为过去；甚至离奇的情节也不再是作家们追求的目标。只是，精心地构思一个令人意外的结尾，仍然为许多作家所乐于尝试。譬如莫泊桑的名篇《项链》，那情节是人们所熟知的了，它的结尾就是完全出人意料的。当骆塞尔太太向伏来士洁太太叙述了丢失项链和偿还债务的全部经过后，后者停住了脚步——

> “你可是说从前买了一串金刚钻链子来赔偿我的那一串？”
>
> “对呀，你从前简直没有看出来，唵？那两串东西原是完全相同的。”
>
> 说完，她用一阵自负而又天真的快乐神气微笑了。
>
> 伏来士洁太太很受感动了，抓住了她两只手。
>
> “唉！可怜的玛蒂尔德，不过我那一串本是人造金刚钻的，顶多值得五百金法郎！……”

这段看似多余的对话（因为主要故事已经说完），在读者心中无疑会激起不平静的波澜。有人会为一串假项链改变了一个美貌少妇的一生而惋惜；有人会为它把一个爱慕虚荣的少妇改造成吃苦耐劳的妇人而赞叹；自然也有热心人会去猜测：伏来士洁太太是否应把骆塞尔太太多赔的钱退还给她，那么从此以后将会……一个小小的结尾既能引起如此纷纭的思绪，作者是可以满足的了。

意外的结尾，对莫泊桑和多数作家说来，大约只是兴之所至，偶一为之；而对前文提到的欧·亨利说来，则是一种刻意的追求。他作品的特殊风格可以说就表现在对结尾的苦心设计上。有时由于过分追求“奇效”，使部分作品带上了太多的造作的痕迹。尽管如此，其独到之处仍然逗人喜爱。我很喜欢他的《最后的藤叶》。小说写一个失意的老画家，为了挽救一个年轻女画家的生命，竟在风雨交加的夜晚，独自攀梯子爬到墙上，画下了一片逼真的藤叶。他自己却因此病倒，一命呜呼。故事当然很夸张。然而它的结尾不仅出人意料，而且感人至深。

谈到渲染气氛的结尾，我首先想起的是根据同名小说改编的电影《苦难的历程》。该片由苏联著名作曲家卡巴列夫斯基配乐。三部曲的每一部，开头和结束的音乐都是一样的。我至今还记得那急速、亢奋、充满动力的主题。给我印象最深的是《两姊妹》的结尾。其时达莎和杰列金刚刚组成小家庭，突然一阵狂风吹开了窗户，长长的窗帘和人的头发、衣裙都在风中急剧地舞动，这时那熟悉的旋律在耳畔响起，我立刻觉得自己也置身在十月革命的暴风雨中……

电影的这种气氛效果，显然得力于绘画和音乐手段的同时运用。不知小说家们是否注意过，当一部小说出现某种浓厚的气氛时，常常是不自觉地模仿了综合艺术。雨果的时代，还没有电影，但这位才情横溢的作家很擅长用画面来烘托气氛。我总记得，《九三年》第一部第三卷的末尾，当朗德纳克将阿尔马罗打发去各地联络反革命武装后，该卷故事本已结束，作家偏在这时对黄昏海景大笔涂抹。文字很长，我只能摘引几句——

> 太阳刚刚落下去。
>
> ……海留在外边。
>
> 空中充满着黑夜到来以前的那种纷扰和骚动……可是听不见一点人声。周围异常荒凉。海湾上看不见一片帆影，田野里找不到一个庄稼人……高大的沙蓟微微地颤动……风从海洋上吹过来。

将风景描写放在文末，原是一种犯忌的写法，但这里展现的阴沉的海景不但不嫌累赘，反而有强烈的气氛效果，使人预感到一场反革命暴乱即将来临。

我国当代小说中，也有不少类似的例子。譬如《高山下的花环》，结尾便是一幅庄严美丽的陵园风景画。那里，一座座烈士墓，掩映在苍松翠柏之间。墓的周围，鲜花盛开，“晨露在花穗上滚动，如点点珠玉闪光……”进入这样的画面，人们自然会感受到崇高、肃穆的气氛，并同作者一样觉得，“人世间最瑰丽的宝石，最夺目的色彩，都在这巍巍青山下集中了。”

那么，是否只有重大题材的作品才宜于渲染气氛呢？否。铁凝的《哦，香雪》，是一篇小巧的散文似的作品，结尾也很富于气氛，不过她借用的不是画面，而是音响罢了。听——

> ……山谷里突然爆发了姑娘们欢乐的呐喊。她们叫着香雪的名字，声音是那样奔放、热烈；她们笑着，笑得是那样不加掩饰、无所顾忌。古老的群山终于被感动得颤栗了，它发出宽亮低沉的回音，和她们共同欢呼着。
>
> 哦，香雪！香雪！

既然小说主要表现的是一群穷乡僻壤的年轻人对美好未来的憧憬，那么，用富于感染力的呼喊和笑声来收尾，的确是再适宜不过了。

出人意料、渲染气氛都是很好的结尾方式，但对一部深刻的作品来说，更需要的是发人深思的结尾。在这样的作品中，最后一个场面、最后一句话并不代表故事的终结，而只是永不停息的生活的下一章的开始。这样的结尾通常与蕴藉之美融会在一起。

我又想起了电影。

约在50年代，意大利产生过一批优秀的电影，翻译过来的有《偷自行车的人》、《警察与小偷》、《罗马十一点钟》等。几乎每部片子都有一个意味深长的结尾。拿《罗马十一点钟》来说，写的是罗马某办事处，招雇一名女打字员，不料来了百十名应招者，水泄不通地拥挤在楼梯上，结果楼梯坍塌，造成了悲惨的伤亡。事后，警方一一查究，却查不出真正的罪犯。无论是建筑房子的工程师，拥有房子的房东，还是租用房子的办事处负责人，孤立地看都没有罪过。事件只好不了了之。

影片是怎么结尾的呢？就同它的开头一样，我们看到，应招姑娘中的一个，于事故发生的第二天清晨，又出现在房子的栅栏门边，占据了第一个位置（因为女打字员的空缺还空着），就像根本没有发生过那场祸事一样。然而观众看到这场面，却很难克制自己的悲哀和激动。

这结尾是相当成功的。它没有从正面去谴责什么，甚至一句也没有提到造成惨祸的真正原因。一切尽在不言中。一切都留给观众自己去思考、去解答了。

写到这里，我不由想起解放前我国老一辈作家创作的悲剧性小说。其中不少作品的结尾也相当深沉含蓄。拿鲁迅来说，虽亦曾借“狂人”之口，于《狂人日记》的末尾锐声呼喊：“救救孩子！”但更多的时候，他喜欢以讽刺的笔墨、冷静的叙述或议论来结束全篇。《祝福》的结尾，是辛辣的讽刺。我在《悲怆之美》中曾经举过，这里不再重复。《离婚》的结尾，是几句极普通的对话——

…………

“唔？怎么？不喝一点去么？”慰老爷还注视着走在最

后的爱姑，说。

“是的，不喝了。谢谢慰老爷。”

就性格而言，爱姑原是一个果敢、泼辣、勇于反抗封建压迫的女性，但她终于失败了，屈服了。就在那一声驯顺的“谢谢”中，包含着多少酸辛，又包含着多少作者未曾说出的旧中国深沉的悲剧！再看《故乡》的收尾，是一句富于哲理的议论：“其实地上本没有路，走的人多了，也便成了路。”然而这究竟是一条怎样的路？应当怎样去走？作者也没有明说。它将由觉醒的人们自己去探寻、摸索和开辟！

发人深思的结尾既是生活的下一章的开始，它就不免与未来的预示、展望和祝祷相联系。上面，我们已经巡阅了不少短篇杰作的收尾；这里，再来看一个长篇：《战争与回忆》。这部小说结束于娜塔丽和她儿子路易斯重逢的场景。其时拜伦费尽周折，终于将儿子寻到，领了回来。小路易斯看到穿着白色上衣的母亲时，“挣脱了他父亲的手，先是向娜塔丽走过去，接着就撒开腿跑，扑到她身上。”母子俩相依相偎。母亲摇晃着他，开始用意第绪语唱一首在犹太集中营里常唱的歌。儿子笑嘻嘻地坐在她怀里，学着用意第绪语接唱起来。这时——

几乎是同时，拜伦和拉宾诺维茨都把一只手罩在眼睛上，仿佛被突然迸射的强烈光芒照得眼睛发花了。

是的，这是极感人的场面。连我们读着，也禁不住要像在场人一样用手蒙眼了。然而，它绝不是俗套的“大团圆”。须知那场战争中，已经死了五千多万人，包括娜塔丽的叔叔和拜伦的哥哥。倘若我们曾经读过小说的上集《战争风云》，就知道经过集中营的非人折磨，在今天的娜塔丽和当初那个犹太姑娘之间已经发生了多么惊人的改变。小说以幸存者劫后重逢的场面作结，无疑是对未来的一种由衷祝祷，正如作者最后说的，要“把我们从漫长的战争岁月中带到享受和平的日子里”。

小说的结尾方式当然远不止上述几种。一些人所皆知的手法，如“首尾照应”、“戛然而止”等等，本文都还未能涉及。如果说，独创是文学的一大特性，那么，健举之美的具体表现应当也是层出不穷的。

14 流动之美

LIU DONG ZHI MEI

古往今来，赞美泉水、赞美瀑布、赞美激流、赞美奔腾的大江的作品，怕是早已汗牛充栋了。王维是泉水的知音："泉声咽危石"，"清泉石上流"。李白是江河的歌手："黄河之水天上来"，"惟见长江天际流"。杜甫、白居易、辛弃疾、陆游直至近代、现代、当代的无数诗人，谁没有做过流水之梦，唱过流水之歌?

流水的特点，在于流动。流动中萌发着生命，流动中蕴涵着美。流动之美吸引着诗人和艺术家。死水是不能动人的。只有一个诗人写过《死水》，就是闻一多，但那并非对美的赞颂，而是对丑的嘲讽。

流动，不是水所独具的特性。宇宙间万事万物，都可有两种形态：静态和动态。静是相对的，动是绝对的。静与动，何者更美?18世纪德国有位美学家，名叫文克尔曼，主张静穆为美。可是，不久就有另一位美学家起来写书驳斥他，其人名叫莱辛，所写的那本书便是美学史上的名著《拉奥孔》。

我对《拉奥孔》毫无研究，但是我欣赏动态美。音乐自不必说：没有流动，就没有音乐。即便是绘画，我也喜欢从静态的画面中寻觅动态的表现。中国画常常给我这种满足。因为它用线条来描绘物体，而线条的特点正是富于连续性和流动感。顾恺之的“春蚕吐丝”、曹仲达的“曹衣出水”、吴道子的“吴带当风”，都体现了造型的流动之美。在意境的表达上，中国画也讲究化静为动。相传宋徽宗时考选画家，试题是:“野水无人渡，孤舟尽日横。”多数画家都是画一空船，或在船头立一小雀，以示“无人”之境。然而获得第一名的作品却画一船夫躺在船尾，悠悠然吹着笛子。画面中“有人”，这“有人”更好地表达了“无人”的主题。“鸟鸣山更幽”，从“动”中表现的“静”，是有生命的“静”，有活力的“静”。

作为时间艺术的文学，在描述人物的行动、环境的变化时，产生流动之感是十分自然的，因为对象本身就在流动着。可是当刻画人物的外貌或描绘静止的景物时，如何化静为动，化美为媚（动态的美），就大有讲究了。朱光潜先生多次举过的《诗经 · 卫风》中的一个例子很能说明问题：

> ……手如柔荑，肤如凝脂，领如蝤蛴，齿如瓠犀，螓首蛾眉；巧笑倩兮，美目盼兮。

诗的前五句对美人的手、皮肤、脖子、牙齿以及头和眉毛作了种种静态的形容，可是在我们心中并不能引起多少美感；后两句忽然化美为媚，于是一个美人形象便宛然如在目前。这类例子在古典诗词中很多。记得学生时代读温庭筠的《菩萨蛮》:“小山重叠金明灭，鬓云欲度香腮雪……”明知他写的是美人，我好像并不觉得怎么美。相反，李清照的“和羞走，倚门回首，却把青梅嗅”所写并非美人，倒在心中唤起了美感。当时不明何故；现在想来，终因温词写得过于呆板和堆砌，而李词活画出了天真烂漫的少女形象。

小说，是以描述见长的文体，较之以抒情见长的诗歌，它更需要通过流动的描述来写貌状物，塑造形象。中国古典小说具有优秀的传统，但某些作品在勾勒人物外貌时，显然存在着如曹雪芹所讥讽的“千人一面”的毛病。“千人一面”往往与静止的描绘相关联。“沉鱼落雁之容，闭月羞花之貌”，“只见他头戴……脚登……腰缠……手执……身挎……”之类，中间虽点缀着动词，整个形象毕竟是僵死的，反映不出人物的灵魂和性格，有如泥塑木雕。我小时爱读旧小说，读到这些地方便不耐烦，一下子跳了过去。大约是在进了初中以后，读到肖珊翻译的屠格涅夫的《阿细亚》，这才领略到人物描写的流动之美，譬如：

> 她的眼睛发亮地、大胆地望着你，但有时她的眼睑微微地低垂，于是她的眼光立刻变成深刻而温柔的了。

> 就在我们的前面，一个女人的身影，用快步子跳过一堆废墟，爬到一个突出的墙头，恰恰在悬崖上面……阿细亚坐在悬崖的边上……

> 船离开了岸，向急流的江心漂去……“你走进月光里面，你打碎它了！”阿细亚在我身后喊着。

这里，所有的描写都富于动态。我们看到的不是眼睛的美丽，而是顾盼的美妙；不是身材的苗条，而是动作的轻盈。我特别欣赏的是对阿细亚喊话的描写，小说的叙述者对月夜景致未著一字，我们却分明看到了一幅春江月明的图景，同时少女内心的诗意也透过一句稚气的喊话不着痕迹地流露了出来。

写小说，是由作者自己出面，给角色一一画像，还是通过小说中的人物去观察，效果往往大相径庭。在用第一人称写成的小说如《阿细亚》中，作者与“我”不分彼此，无论对人物、对环境都通过“我”的感受去描绘。由于“我”生活在小说中，“我”的描绘也就自然带有亲切的动感和活气。在第三人称的小说中，这种优点不存在了，于是高明的作者往往借书中人物的感官去听，去看，去体验，去感受。展现在我们面前的是甲眼中的乙，乙眼中的丙，丙眼中的甲，而不是作者眼中的乙、丙、甲。这样，就与第一人称的写法殊途同归，在动态的追求上并臻佳境。

我总是记得，《安娜·卡列尼娜》中，女主人公一下火车，老托尔斯泰就用渥伦斯基的眼光去打量她：

> ……他非得再看她一眼不可；这并不是因为她非常美丽……而是因为在她走过他身边时她那迷人的脸上的表情带着几分特别的柔情蜜意……在那短促的一瞥中，渥伦斯基已经注意到了有一股被压抑的生气在她的脸上流露，在她那亮晶晶的眼睛和把她的朱唇弄弯曲了的轻微的笑容之间掠过。仿佛有一种过剩的生命力洋溢在她的全身心……

这是安娜的第一幅肖像，它由行将堕人热恋的渥伦斯基提供给我们，带着他的强烈的主观感受，显示给我们的色彩既鲜明又真切。我们仿佛也看到了她迷人的笑容，看到了隐藏在笑容中的压抑不住的热情与活力。这时我们还不知道这个妇人将走上一条怎样的道路，但已经可以想象那熔岩喷发时激烈的气势，炙热的光焰。

安娜的第二幅肖像是由吉提提供的。如果小说作者自己出面说明什么颜色的衣裳对女主人公最合适，那给我们的印象将极为平淡。托尔斯泰决不干这样的傻事。他现在通过吉提——一个少女的眼光去审视，效果就全然不同了。她先是认为淡紫色对安娜最适宜，而且常想象安娜穿淡紫色的模样，可是后来在舞会上看到了穿着黑天鹅绒长袍的安娜，这才意识到自己先前并未完全了解后者的魅力，这魅力就在于安娜的人总是盖过服装，衣服对她只不过是一个框架，“为人注目的是她本人——单纯，自然，优美，同时又快活又有生气。”

这种写法在托尔斯泰的作品中可以说是屡经运用而又屡试不爽。譬如吉提为安娜“画”了像，而她自己的肖像却在溜冰场上由列文“画”成。那“画像”不仅生动地勾描出吉提的少女姿影，而且逼真地画出了列文的感受：

> 由于她，一切都生了光辉。她是照耀周遭一切的微笑。……他在那里面感觉得眷恋难舍，如像他记得在童年时代的一些日子里所感觉的一样。

莱辛在谈到化静为动的方法时，曾以特洛伊国元老们对海伦私语赞叹的场面为例，说明物体美可以借它产生的效果来暗示，这比由作者自己罗列静止现象要生动得多。莱辛谈的是诗，而托尔斯泰以他天才的小说描绘丰富了这一理论。

动态美固然怡人心目，但动态需要静态的衬托。夏夜，一颗流星从天上划过，我们觉得很美，这是因为群星静穆的缘故。如果群星皆动，流星之美也就消失了。唐诗中，“万里云罗一雁飞”、“万顷江田一鹭飞”之所以饶有诗意，也是由于在“云罗”和“江田”的相对静止中，突出了“雁”和“鹭”的动态美。人们都啧啧称道《红楼梦》中王熙凤的出场，然而倘若不是众人“个个皆敛声屏气如此”，王熙凤的“辣子”性格是出不来的；倘若姑娘们的打扮同她一般“彩绣辉煌”，她的“丽人”形象也不会那样鲜明。写到这里，我不由想起了《李自成》第二卷对刘宗敏跃马汉水的描写：

> ……那匹雪白的战马像闪电一样从悬崖上腾空而起，纵入蓝天，在两丈外向下落去，沉入江底，溅起来的水花闪着银光。
>
> ……两岸上突然间停了战鼓，也停了呐喊和说话。天地静悄，将士屏息，四周重叠罗列的青山寂寂，一切都在等待着白马的消息。
>
> 过了片刻，白马驮着刘宗敏从碧绿的深潭中浮出。江上仍然很静。水中映着蓝天、白云。浪花似银，映着日光闪动明灭。白马载着宗敏划开绿波，冲着浪花，在激流中向下游的南岸浮去。

在这幅画面中，动态美正是从一时的万籁俱寂中表现出来。

静态可以衬托动态，静态本身也可以具有美。风平浪静的江面与死水不可同日而语，静态美与静止现象的罗列也是两回事。既然事物都有相对静止的一面，这就为艺术的静态境界提供了生活依据。但因为静是相对的，所以在“静”的前后必有“动”曾经出现和将要出现。小说和音乐都是时间艺术，小说中的霎时静谧，有如音乐中的休止符。唯其前面有过“嘈嘈切切错杂弹，大珠小珠落玉盘”，后面又有“银瓶乍破水浆迸，铁骑突出刀枪鸣”，中间才能产生“此时无声胜有声”的意境。而这暂时的静默和休止，正是为了使人对先前的流动作一番咀嚼，对未来的流动作一番想象。在刘宗敏跃马汉水的镜头中，也有过静寂的时刻，那是在白马沉入江底之后，不但所有的人声停歇，连大自然也仿佛突然进入肃穆状态，画面充满了静谧之美，然而这恰恰因为在此前后有过白马跃入江心、浮出江面的描绘，这里的静态美与动态美是交错出现、相辅相成的，而静态归根结底是对动态的一种承续和预示。

在本文的开头和中段，我曾两次提到莱辛。现在，在结束本文的时候，我想指出，莱辛并不是研究流动之美的第一人。早在9世纪的中国，有一位美学家，名叫司空图，写了一部名著，叫作《诗品》。在《诗品》中，他把诗歌之美分为二十四种，以诗的语言细加品评，而用来结束全书的最后一品，就是——

“流动”。

※**附记**※

一、此文发表后，有朋友来信，认为在“急流的江心”不可能映出完整的月亮，因而也不存在“打碎它”的问题。对此，由于手边缺乏资料，究竟屠氏原文是否如此，不得而知。但从译文来看，说的并非“月亮”而是“月光”，急流中映出摇荡的月光，完全可能。至于“打碎”一词，系从阿细亚口中喊出，也许微嫌夸张，却正好表现了少女诗意的想象和性情的天真。

二、又有朋友来信指出，温庭筠的《菩萨蛮》并不呆板。它不仅用“重叠”、“明灭”、“欲度”等词富于动感地写出了对象的发饰肌肤之美，而且还用以下词句活画出对象起床时慵懒的情态:“……懒起画蛾眉，弄妆梳洗迟。照花前后镜，花面交相映。新贴绣罗襦，双双金鹧鸪。”

所以我想，把温词和李词的不同归结为静止与流动，的确不够妥当。两者的真正区别在于：前者秾词丽句，香艳袭人；后者洗尽铅华，清爽宜人。

15 不隔之美

BU GE ZHI MEI

古典戏曲和小说中，形容有才华的美男子，喜欢用一句套话：“宋玉般才，潘岳般貌”。这其实不太高明，因为读者倘若没有读过楚国宋玉的文章，又未曾见过晋代潘岳的仪容，也就无从知道才貌如宋、潘究竟是怎么一副模样。

由此便想到诗歌史上争论不休的那个问题——用典问题。所谓用典，是说诗人在创作中，抒情叙事都用上一个典故。提倡用典最力的大概是北宋的江西诗派。他们主张写诗“无一字无来处”，作品自然填满了典故。在词学领域，竭力提倡用代字的是《乐府指迷》的作者沈义父。他认为“说桃不可直说破桃，须用‘红雨’、‘刘郎’等字，说柳不可直说破柳，须用‘章台’、‘灞岸’等字”，而代字中实际上都包含着典故。

反对用典的人也不少，其中说得最好的是王国维。他提出一个审美标准，叫作“不隔”。他举了一些例子。譬如欧阳修有一首《少年游》——

阑干十二独凭春，晴碧远连云。千里万里，二月三月，行色苦愁人。　谢家池上，江淹浦畔，吟魄与离魂。那堪疏雨滴黄昏，更特地，忆王孙。

这是一首咏春草的词。王国维认为，上半阕写得“语语都在目前，便是不隔”。而下半阕，“谢家池上，江淹浦畔”，用了典故，“则隔矣”。(《人间词话》)

两种观点，哪一种对呢？王国维对。因为审美感受的一个基本特征在于它的直接性，或曰直观性。人们欣赏美的事物，欣赏艺术，并不需要经过严密的科学推理，深思熟虑；常常是“一见钟情”，一下子就被对象深深感动，产生审美快感，作出审美判断。因此，作品中的形象愈是鲜明，愈是直接可感，就愈符合审美特征。形容一个美男子，倘能将他的形象活生生地描画出来，使人如睹其容，如闻其声，读者很快就会接受。现在你说他像潘岳一般美，于是在审美主体与审美对象之间便多了一个媒介。人们必须先弄清楚潘岳美在何处，而后才能明白你的形容，美感也就不能立即产生了。同样，描写桃、柳、春草，不是把形象直接展现在读者面前，却用“刘郎”、“章台”、“谢家”……去代替，不唯隔了一层，而且用得不好，十分荒谬。譬如“章台柳”，原指唐代长安章台街上的歌女柳氏，怎么能随便用来形容杨柳呢？

王国维说的是诗词，其道理则适用于一切艺术。近年小说园地冒出一棵绰约而挺拔的乔木，那便是张贤亮的《绿化树》。关于它，已经有了不少评论，我都很佩服，却无意重复。想说的是，如果以隔与不隔的标准来衡量，那么，《绿化树》的巨大魅力，正在于叙事写情，丝毫不隔。以写饥饿来说，过去我也曾读过不少描写饥肠辘辘的文字，似都不如它这般真切。记得《邓肯自传》中，写到她小时候随母亲去芝加哥谋生，整整一星期中，只吃了几公斤番茄，以致若干年后，每逢来到芝加哥，仍会条件反射地产生一种饥饿之感。应当说，这位舞蹈家的文笔不错，写得相当俏皮。以前，与人议论饥饿，我便会举到她这段经历。现在读罢《绿化树》，觉得那样的描写简直不算回事了。“饥者歌其食”。《绿化树》中，饥饿成为作家反复咏唱的一个题目。不仅“我”的物质生活与饥饿密不可分，而且“我”的精神生活包括爱情生活也同饥饿紧紧地连在一起。一旦删去描写饥饿的文字，《绿化树》就不复存在了。反过来说，饥饿在《绿化树》中又被写得多么具体而生动啊！人是社会关系的总和。张贤亮写“饥饿”，于自然属性之外，更用细致的笔触写出它的社会属性，而其令人感慨、产生美感之处也正在这里！

小说一开始就把一幅那个年月特有的“饥民图”展现在我们面前：几个骨瘦如柴的“右派”走在通往另一农场的土路上。突然，“我”发现其他几个人都不见了。“他们一定发现了可以吃的东西！”于是，“我”急忙分开枯败的芦苇，越过一条渠，一条沟，尽自己最大的力气赶过去。果然，对“我”素怀忌恨的“营业部主任”抠到了一根黄萝卜，看见“我”之后，故意站到附近，越发津津有味地吃起来——

> ……和嚼冰糖一样把萝卜嚼得嘎巴嘎巴响，有意把萝卜的清脆、多汁、香甜用响亮的声音渲染得淋漓尽致。
>
> “这萝卜好！还不糠……”他趁咽下一口时，这样赞扬。

“我”未能找到黄萝卜，只得“宽怀大度地带着勉强的微笑从他面前走过去”……接着，“我”开始了对这一天遭遇的回忆。今天，他们

被释放了。因为情绪好，当他碰到一位也被释放的某大学哲学系讲师时，彼此竟温文尔雅地握了手，并用学者风度交谈起来；但就在谈论《资本论》和黑格尔的同时，他仍不时地偷觑着打饭的窗口，唯恐错过了时间……接着，“我”又回忆到他们一向用来盛饭的用具，想到自己的罐头筒每次能比别的盆子多打100cc稀饭，又想到“营业部主任”舔盆子的特殊姿势——

> ……他不是把脸埋在盆子里一下一下地舔，而是捧着盆子盖在脸上，伸出舌头，两手非常灵巧地转动着盆子。如果发挥想象的话，那既像玻璃工人在吹制圆形的玻璃器皿，又像维吾尔族歌舞中的敲击手鼓。不久，他这种姿势也随着他代买的盆子在组里推广开了。

多么形象的描写!我虽从未在劳改农场生活过，但读了上引的几段文字，仿佛已亲临现场，目睹了他们颗粒必计的饿相和吃相，也窥见了他们饥饿时细微的思想活动、他们的相互关系。而且透过那似含幽默的文字，我还体验到一种深沉的悲哀。显然，如果作家不是采用形象的真切可感的笔触，而是抽象地报告几句农场生活和犯人表现，那么，不论他的观点怎么正确，都不可能给我们如此鲜明而深刻的印象。

《绿化树》是作家要写的九部系列中篇中的一部，它要表现的是知识分子在其思想改造的长途中经受的苦难和磨炼。因此，它绝不是为写饿而写饿，它要透过饥饿写出主人公丰富而复杂的精神生活。“我”为求生的本能所驱使，为了多弄一点吃的东西，耍尽了各式各样的小聪明，他可以谄媚，可以讨好，甚至在来到新农场的第二天，他就借口糊窗子，打了“浆子”来煎饼吃。然而，另一方面，当黑夜到来之时，当吃饱了煎饼，坐在炉边，抽起一根香烟时，他的思想活跃起来，他看到了灵魂被蒙上的灰尘——

> ……回忆在我的眼前默默地展开它的画卷，我审视这一天的生活，带着对自己深深的厌恶。我颤栗，我诅咒自己。
>
> 可怕的不是堕落，而是堕落的时候非常清醒。

他思索过去，思索未来，思索人生的意义，心里感到一种比饥饿还要深刻的痛苦。

由于他的思索、他觅食的心计和事后的痛苦，都被作者用形象的画面、坦诚的语言表现出来，我们读着小说，不仅看到他讨“浆子”、煎饼……的具体过程，而且随时都听到他内心的自白，我们不由觉得非常亲切，觉得眼前这个“我”简直是触手可及的活人，而并非作家虚构的形象了。

艺术到了这一步，便进入了不隔之境，成功之境。

当然，对这部小说也有争议。有人读到大段大段摘引《资本论》的地方，便跳了过去。我认为，写一个知识分子，在那样的环境里，手上只有一本《资本论》，通过读它，试图“超越自己”，这既是一种巧妙的构思，也是完全真实可信的。问题是，许多读者不熟悉《资本论》，也不像“我”那样在交易所经纪人和工厂资本家的抚养下长大，对许多概念具有感性知识。这样，尽管“马克思的书在我眼里就没有一点枯燥的晦涩的地方”，但在读者看来仍觉吃力。他们要弄清“我”的思想活动，必须对《资本论》原文也作一番逻辑思考。多数人没有这种耐心，只得干脆跳过去算了。鲁迅曾经说过，“美底享受的特殊性，即在那直接性。”失去了“直接性”，必然影响、损害“美底享受”。这同诗词用典造成的“隔”，是十分相像的。当然，诗词用典，也可以不隔。譬如杜甫的多数诗作都有典故，但因诗人善于把典故融化在形象里，即使读者不懂典故，也能产生美感，这就不存在“隔”的问题了。同样，如果《绿化树》能把主人公阅读《资本论》的情节更有机地融化到形象中，它所引起的美感也必会更加直接、更加真切、更加强烈。

行文至此，我又想起了一个“古已有之，于今为烈”的问题，就是卖弄才学。鲁迅《中国小说史略》中，专门有一篇，题为《清之以小说见才学者》，其中谈到的《野叟曝言》、《蟫史》、《燕山外史》和《镜花缘》，都存在这一倾向。譬如《燕山外史》，竟是用骈体文写成，其卖弄才藻自不待说，然而效果并不好。因为小说的文体本来越自由，就越生动，越易为广大读者所接受；采用骈体，等于给自已套上一个桎梏，状物写情，都失去了生气，更谈不上“语语都在目前”了。又如《镜花缘》，本来不乏精彩的章节，但作者偏要在小说中论学说艺，数典谈经，特别是大谈其音韵学，这就不能不令读者望而生畏，避之唯恐不及了。

当代小说中也存在着“掉书袋”的倾向，这同作家的“非学者化”看似异样，实质是一个问题。因为真正有学问、又懂得小说规律的作家，是不会离开形象去自炫其博学多识的。这种事，曹雪芹不为，鲁迅、茅盾也不为。恰恰是由于学问不多，又欲掩其陋，这才需要卖弄，于是不管主人公系何身份，操何职业，都让他（她）大谈德国古典哲学，大谈贝多芬，并把断臂维纳斯请到他（她）的房里去。《绿化树》原不存在这一问题，但当我发现《命运交响曲》在文中出现，“扼住命运咽喉”的话也被重复时，仍然不无遗憾。实在这乐曲、这段话在别处已被用得太滥；况且“命运的敲门声”也不是由钢琴弹出的。

小说创作中涉及隔与不隔的问题很多。除“卖弄才学”之外，如何使用成语，如何处理叙述与描写的关系，如何借鉴他种艺术，等等，都颇值得探讨。有人认为，小说最好不用成语，用了成语必然不新鲜，而不新鲜的语言是缺乏魅力的。我基本上同意这种观点，但不主张绝对化。如果一篇小说，大量使用四个字组成的成语，不消说，读了一定难受。特别是有些成语需要探源，方能理解，这就同用典一样，马上使人感到“隔”了。譬如形容一个穷人，可以说他穷得一个子儿也没有，也可以有其他许多更生动的譬喻。如果说他“囊空如洗”，便觉得有点陈腐，但还可以接受。如果说他“阮囊羞涩”，那就恐怕有一大半读者会瞠目结舌，觉得“隔”了。可是，如果这个成语不是在作者的叙述语言中出现，而是通过小说中一位穷学究、一位孔乙己式的人物道出来，那就不但不隔，反而会有一种极新鲜的色彩。

叙述与描写，是小说常用的两种手段。当情节需要简单地交代过去时，叙述有它一定的作用。但小说的形象性和美感的直接性决定了描写比叙述具有远为重要的作用。现代小说善于“跳跃”，由一个场景跳到另一场景，这就等于把叙述的功能给取消了。古典小说，一般都有叙述，但也不宜太多。《东周列国志》为什么不能吸引人？就因为叙述太多，描写太少。《水浒》为什么吸引了广大读者？一个根本原因就在善于描写。有描写才有具体生动的形象，才有小说艺术，才能引起美感。譬如武松醉打蒋门神的路上，每过一处酒店，便要喝上三碗。金圣叹曾就此评道:“则施恩领却武松去打蒋门神，一路吃了三十五六碗酒……大书一行足矣!何为乎又烦耐庵撰此一篇也哉!”是的，如果采用叙述，一句话就交代过去了，然而他究竟如何喝酒，如何醉法，终觉不甚了然。现在作者采用描写，整个“醉打”过程便历历如在目前，一点也不隔了。小说先从武松与施恩的对话写起。武松提出“无三不过望”。施恩担心他喝醉了，打不过蒋门神。武松大笑道:“你怕我醉了没本事，我却是没酒没本事。带一分酒，便有一分本事；五分酒，五分本事。我若吃了十分酒，这气力不知从何而来……”这是武松喝酒前的语言，其中已有一股醉汉的豪气。接着小说便详细地描写他和施恩一行如何上路，仆人如何挑着食箩酒担，预先来到前面的酒店安排肴馔，武松如何连喝三碗便起身，仆人又如何慌忙收拾器皿，往前赶去……正是在这具体而微的描写中，我们恍如身临其境，仿佛自己也跟着武松走了这一遭!

小说是语言的艺术，所以才存在隔与不隔的问题。在音乐、绘画这类直接诉诸感官的艺术中，一般是不存在这一问题的（抽象派艺术又当别论)。音乐、绘画也有高低雅俗之分，但那同隔与不隔是两回事。所以，正如我在《健举之美》中曾经谈过的，当一部小说出现某种浓厚的气氛时，常常是得力于绘画和音乐手段的同时运用。换而言之，就是向综合艺术靠拢了。其实，借鉴综合艺术，不仅有助于渲染气氛，就是在创造不隔之美方面，也是一种最佳手段。试想《绿化树》中的那些细节，《水浒》中的那些描写，不是都很类似电影画面吗?如果我们读过海明威的某些作品，对此将会有更深的印象。下面是《别了，武器》中的一段描写——

我们的车子在近河这一边的小丘间行驶，路越爬越高，望得见北面的一些高山，峰巅还有积雪。我回头看，

> 望得见后边三部车子都在爬山，每部车子间隔着一段尘埃。我们越过一个驮着东西的驴子长队伍，赶驴子的在旁边走，头上戴着红色的土耳其帽。原来是意大利士兵。

这同电影剧本已经没有什么区别了。“车子”上好像架设着摄影机。车前、车后、沿途所见，一切都没有逃过它的镜头。那么，还有什么“隔”可言呢？

16 洗炼之美

XI LIAN ZHI MEI

我们的祖先，很善于用诗的比喻描摹出种种难以言传的形态。它不像西方美学那样富于理性的启示，却更多地给人以感性的联想。

譬如，在司空图笔下，“洗炼”是这样一种境界：

流水今日，明月前身。(《诗品·洗炼》)

流水的洁净，使人想到“洗”；明月的精纯，让人忆及“炼”。不洗不净，不炼不纯。当你徜徉于秋水月明之夜，也就是沉酣到洗炼美境之时……

多么富有诗意的阐释！

洗炼的本质正是洁净和精纯。

一部小说，当它的语言、性格塑造、情节设计令人感到洁净和精纯时，它就达到了洗炼之境。

契诃夫平生最厌废话。他有一句名言：简洁是天才的姐妹。他还塑造过一个说废话的典型伊波里特·伊波里狄奇，其人永远说些人人皆知的话，诸如“冬天烧炉子，可是夏天不烧炉子也暖和”之类。而在契诃夫作品中，要找出一句多余的话是极困难的。其名剧《三姊妹》中，安德烈向人形容自己的妻子，原先费了整整两页篇幅。当剧本正由莫斯科艺术剧院排演时，作者忽然去信，要求把两页独白全部删掉，只换上一句话：

> 女人就是女人。

这是无可再省的语言。他进入了艺术的“净土”。

与契诃夫同样追求简洁，而用自己的独特文体开创了一代新风的是美国的海明威。他认为作品宛如冰山，露在面上的部分只占全部内容的“八分之一”，其余“八分之七”应全部抛到水下，“这样才能使我们的冰山坚实牢固”。他的小说的确抛弃了一切可抛的东西，凡是在他人作品中常见的形形色色的比喻、啰里啰唆的解释、老生常谈的议论，都被无情地一脚踢开。无论写景叙事，我们观看到的永远是一幅深秋的图画，只有萧疏的树木，没有花花绿绿的树叶。譬如短篇《麦康伯夫妇短促的幸福生活》，写一对美国夫妇去非洲打猎。换了别的作家，多半会对非洲森林的景色描绘一通，而他惜墨如金。写早晨出发，只有简单的一句:“在灰蒙蒙的晨光里，汽车吱吱嘎嘎地向下开。”写到达目的地，也只寥寥几笔:“汽车爬上一个坦坡，一路穿过树林，随后开进一片长着野草的、像草原似的空地……”甚至写妻子夜晚对丈夫不忠，也一样干脆利落:“他发觉他的妻子不在帐篷里另一张帆布床上，”“两个钟头以后，他的妻子走进帐篷，撩起蚊帐，舒适地爬上床。”由于没有废话和枝蔓，小说给人的感觉，不独洗炼，而且劲健。

这种大刀阔斧的删削精神，也表现在人物对话中。19世纪的小说，常常喜欢在引号前后加上“他带着明显的愤怒重复了一遍”、“她鼓起勇气、用忧郁的音调说”、“他犹豫不决地宣称”、“他结结巴巴地讲”、“他低声笑着插了句嘴”等等修饰，海明威将这些都一扫而光。不仅如此，他还创造出电报式的短句，使对话变得直截了当。譬如——

“上星期他试图自杀过。”

“为什么?”

“心灰意懒。”

“为什么这样?”

“不为什么。”

“你怎么知道不为什么?”

“他有的是钱。”

这是《灯火阑珊处》中的一段对话。如果读过汉译全文，我们就会发现，作品仅仅三千五百字，人物只有两名咖啡馆服务员和一名顾客。我们对他们的身世、经历一无所知，甚至连姓名都不知道。但是，就从那占了作品主要篇幅的简短对话中，我们仿佛可以想象出他们的昨天和今天，捉摸出他们的性格和心境。那是沉在洋底的“八分之七”，看不见，然而存在着。

我国古典小说，擅长白描手法，那效果既是素朴的，也是洗炼的。传统延续到现当代，最杰出的典范便是鲁迅。他从传统旧戏的不用背景，从新年花纸的人物之少，悟到小说应该竭力将可有可无的字、句、段删去，“只要觉得够将意思传给别人，就宁可什么陪衬拖带也没有”。于是，人们从他无与伦比的短篇中领略到中国现代小说的洗炼之美。

50年代，叶圣陶先生对自己编入文集的所有作品作了一番语言上的精细修改。这番修改被一位有心人加以搜集，写成一本很有意思的书：《叶圣陶的语言修改艺术》。如果说，从叶老的作品中，我们读到的是纯净的精品，那么，这本书则展示了走向纯净的过程：

他……在一忽儿扰攘起来的站台上，犹如小鸟啁啾之中一只独鹤。(《城中》)

我怎样的孤寂呵！统计全船的人，大约在十五以上，可是我觉得一个也没有，止有孤单的一个我。(《旅路的伴侣》)

我走到一个池旁。岸滩的草和傍岸的树映入池中，它们的倒影比本身绿得更鲜嫩，更可爱。(《晓行》)

…………

加“·”的字在修改中都被删去了。记得小时候，听大人念“一个孤人独自归，关门闭户掩柴扉”的废话诗，曾经哈哈大笑。现在看了这些例句，头上却冒出了冷汗。此类赘疣，在我们的文字中难道还少吗？

叶老的语言修改艺术包括种种方面，上面所举只是极小的一部分。

语言的洗炼是一切文体的共同要求。就小说来说，洗炼之美还表现在性格的塑造和情节的设计上。笨拙的作者，常常写了一大篇，还看不出人物有何特殊脾性。也许作品语言并不拖沓，但人物“站”不起来，还是让人读而生厌。高明的作家则往往略涂几笔，就使人物活跃纸上。这里，我想谈谈托尔斯泰。也许是他的繁丰和精细给人印象太深了吧，人们谈论洗炼，很少想到他。其实，他也是个删繁就简的能手。他认为，“任何出色的补充也不能像删节作品那样的大大改善作品。”而他的真正本领就在于能用非常经济的笔墨活画出人物的音容笑貌、性格特征。譬如，一般作家写长篇，出于谨慎，每每让人物一个一个地出场，在特定的环境、特定的气氛中一一亮相。这样的写法较易收到绿叶红花的效果，但也较费篇幅。而《战争与和平》却一开始，就通过安娜·芭芙洛夫娜家的晚会，让大部分主要人物同时登场，而且每个人物的独特性格都通过自己的一言一笑、一举一动鲜明地表现出来。我们读了开头几节，仿佛已经认识了许多人。以后，不论在什么时间，什么场合，只要“他”（或“她”）一出现，我们便会微笑：“这正是他！”也许“他”的性格已有发展，已有改变，但我们仍会很容易地从现在的“他”忆起晚会上的“他”，就像从一个久违了的朋友脸上辨出他数年前的模样。

《战争与和平》中，还有不少“过场”人物，犹如京戏中的“龙套”。但“龙套”无性格，托尔斯泰笔下的人物却偶一露面，都给人留下鲜活的印象。我们从那速写式的画面更可看出作家洗炼的笔致。奥斯特里茨战役的前夜，俄奥联军开过一次军事会议，由奥国参谋总长威以罗特宣读他制定的战斗部署。与会的几位将军，都是“过场”人物，但作者写来竟是神情毕现，毫不雷同：

……似乎将军们都勉强地听着这个难解的战斗部署。

> 金发的高大的部克斯海夫顿将军背靠墙站着，把眼睛停在点着的蜡烛上，似乎没有听，甚至不希望别人以为他在听。正对威以罗特坐着的，是那个胡须翘起和肩膀耸起的、面色红润的米洛拉道维支，……他坚持地沉默着，望着威以罗特的脸，直到这位奥国参谋总长沉默时，才把眼睛离开他。这时米洛拉道维支富有含意地环顾着别的将军们。但是凭着这个富有含意的目光，不能够说他同意还是不同意，满意还是不满意这个战斗部署。坐的靠威以罗特最近的，是兰葱隆伯爵，……在一个最长的句子当中，他……抬起头，在薄嘴唇的角上带着不愉快的礼貌，打断了威以罗特，想要说什么……

另外还有两位将军：一位“用手贴着耳朵”，显出专心注意的样子；另一位俯看地图，随时将自己不熟悉的村名记下来。整段描写不足一千字。但不知何故，看了这幅会场速写，我对几位将军不但如睹其容，而且简直好像在今天的某种会议上亦曾晤面，这或许就是所谓典型的生命力了吧？然而他们不过是小说中的“过场”人物！

谈到情节的洗炼，可介绍的手段就更多了。一般说来，涣散和烦琐是通向洗炼的主要障碍；而要克服涣散和烦琐，就得善于集中和跳跃。八大山人由明朝的王孙一变而为清朝的庶人，他要用画笔抒发自己的亡国之痛，身世之悲。画什么？一枝枯荷、一只翻白眼的鹌鹑足矣！于是其余的枝枝节节尽皆删除——他由集中达到了洗炼。欧·亨利的短篇非常集中，没有丝毫枝蔓，我们从中品尝到极爽利的洗炼之美。然而他惟一的长篇《白菜与皇帝》却引不起这种美感，原因就是写得太散了。

曾经有人认为，曲折是洗炼的大敌，大仲马式的曲折乃是造成情节冗长的主要原因。其实，大仲马的毛病不在曲折，而在编造。曲折的情节，只要真实和集中，不会使人感到拖沓。近年来介绍得很多的阿瑟·黑利，是个写通俗小说的高手。他的《航空港》，集中笔墨写一次飞机失事，既波澜起伏，又真实可信。小说被改编成电影后，在电视中播映，人们为剧情所吸引，直到终场才纷纷如厕，以致旧金山市的自来水一时为之供应不上。在他的小说中，曲折性、真实性、集中性有机地交融起来，他也由此迈入了洗炼之境。

小说不是流水账，所有的小说家在组织情节时都要考虑实写与虚写、详写与略写的问题。而所谓“虚”和“略”，就是一种情节上的跳跃。跳得好，跳得大胆，作品必臻洗炼之境。《三国演义》中的“关云长温酒斩华雄”，是古典小说中著名的虚写实例：

> 操教酾热酒一杯，与关公饮了上马。关公曰：“酒且斟下，某去便来。”出帐提刀，飞身上马。众诸侯听得关外鼓声大振，喊声大举，如天摧地塌，岳撼山崩，众皆失惊。正欲探听，鸾铃响处，马到中军，云长提华雄之头，掷于地上，其酒尚温。

这里，一个主要场面——关公与华雄决战的场面被跳过去了，但从众人的反应、从“其酒尚温”的细节，我们完全可以想象出关公的声威。

如果说，在“温酒斩华雄”式的虚写中，事件的连续性仍然清晰可辨，那么，在现代小说中，有时就干脆连两点之间的那根虚线都略去了。往往这一段正想着要办一件什么事，下一段便已经在办理；这一段正想着要造访一位朋友，下一段便已经坐在朋友家中。这样的跳跃在现代西方小说中很常见，在电影中更是必须采用的蒙太奇手法，但在中国小说中运用得还不普遍。就我所见，首先采用这种写法的是已故作家李劼人。譬如，他的《暴风雨前》，有一段文字是写郝达三请尤铁民吃饭。他先写郝家如何筹办这桌酒菜，郝达三如何想出一种“新款式”。令人感到突兀的是，郝的议论刚刚发完，酒席就摆上来了，连“出帐提刀，飞身上马”一类的过场文字都没有。读惯了《红楼梦》中史湘云大设螃蟹宴一类描写的读者，自然会发愣，甚至觉得不合逻辑，但接触一多，便会从中领略到一种异样的洗炼。写到这里，我不由想起郭老早年写的《中国左拉之待望》。该文对他的老同学李劼人评价极高，唯独认为他的笔调“稍嫌旧式”。我没有全面研究过李劼人的作品，但就所见到的这种“跳跃”而言，却以为那“笔调”也并不“旧式”。

写小说，是一种创造性的劳动。通向洗炼的道路绝不止上述有限的几条。有出息的作家总是善于别开异径，叫人耳目一新。譬如，我很欣赏瑞典作家斯特林堡的《半张纸》。仅仅一千字的篇幅，通过电话机旁的半张小纸，让男主人公重温了他两年间全部美丽的罗曼史。笔触干净利落，笔端充满柔情。

我还读过一篇法国小说，作者、题目都忘了，只记得整篇小说系由男主人公的“支出账单”所组成。不是说“小说不是流水账”吗？它偏偏采用了“流水账”的形式。譬如，主人公起初总是为夫人买香水，中途忽然为另一女子购香水，最后才又想到夫人，说明在他的感情生活中有过一段插曲。他的其他支出也无不反映出生活中的某种改变。小说文字不长，留给读者想象的余地却无比广阔。显然，这又是一位深谙洗炼之美的作家。

还有……

（附）灯火阑珊处[1]

（美）欧内斯特·海明威◎著　俞汝捷◎译

夜深了，街头咖啡馆枝叶婆娑灯光掩映。树阴里坐着一位老人，除了他，顾客全走了。白天，街上尘土飞扬；夜间，灰尘被露水粘润下来，一切都是静适的。老人虽然聋了，仍能体验到日夜景致的不同，因此他迟迟不去，乐于久坐。咖啡馆室内两个服务员知道老人已有几分醉意，尽管他是个好主顾，如果被酒迷糊了，也会付不成钱而走的，所以他俩一径守望着他。

“上星期他试图自杀过。”

“为什么？”

“心灰意懒。”

“为什么这样？”

“不为什么。”

“你怎么知道不为什么？”

“他有的是钱。”

他俩一起坐在咖啡馆门口挨墙的一张桌边，眼睛望着草坪。草坪上树叶在微风中摇曳。老人孤零零地坐在树阴里，除了他那一处，其余茶桌都是空的。一个少女和一个士兵从街头走过去了。街灯在士兵领口钢号码上闪烁。少女匆匆跟在一旁，头上没有什么头饰。

“警卫队会跟他找茬儿的。”一个服务员说。

“要是他找到了意中人，那又有什么关系呢？”

“这种时候他最好还是躲开大街，警卫队会把他抓走的。他们巡逻过去才五分钟。”

树阴下的老人用玻璃杯敲着碟子。年轻的服务员走了过去。

“您要什么？”

老人瞧着他，说了一声，“再来一杯白兰地。”

“您会醉的。”服务员说。老人直瞪着他。服务员走开了。

“他会呆一夜的。”他对同事说。“我可困了。我老是三点以前上不了床。他上星期真该把他自己杀死。”

服务员从室内柜台拿了一瓶白兰地和一个碟子，大步走到老人桌边，摆好杯碟，给玻璃杯斟满了酒。

“你上星期真该把你自己杀死。”他冲着聋子说。老人动了一下手指。“再来一点。”他说。服务员继续给他往杯子里斟，斟得酒漫出了玻璃杯，顺着杯底流到那叠碟子的头一层里。老人道了声“谢谢”。服务员把瓶子放回室内，回到桌边又和他的同事坐在一起。

“他现在醉了。”他说。

“他每天都醉。”

“他为什么要自杀？”

“我怎么知道。”

“他怎么个自杀法？”

“用根绳子上吊。”

“谁把他救下来的?”

“他侄女。”

“为什么要救他呢?”

“怕他的灵魂受罪。”

“他有多少钱?”

“他的钱不少。”

“他多半有八十了。”

“我看，不论怎样说，都有八十。”

“我真想要他回家去。我老是三点钟以前上不了床。那真是一个鬼才上床的时刻。”

“他呆着不走，因为他喜欢那样。”

“他孤寂。我可不孤寂。我有个老婆在床上等我呢。”

“他也曾经有过老婆。”

“老婆现在对他也没有什么好处啦。”

“那也难说。有个老婆他也许会好一点。”

“他的侄女在照看他。”

“那我知道。你说过是侄女将他救活的。”

“我可不愿活那一大把年纪。老头子总有点脏。”

“不都是那样。这个老头子就挺干净。喝酒他不往外溅。眼下，哪怕都醉了，也不。瞧瞧他。”

“我不想瞧他。我想要他回家去。他也不替我们干活的人想想。”

老人迎着广场照了照玻璃杯，又眼巴巴地朝服务员看着。

“再来一杯白兰地。”他指着玻璃杯说。急于回家的服务员走了过去。

“完了，”他用那种故意怠慢醉汉或外国人的简短词语说道，“今儿晚上没有啦。打烊了。”

“再来一杯。”老人说。

“不行，没有啦。”服务员拿毛巾擦着桌子周围，摇了摇头。

老人站起身来，慢吞吞地数了数碟子，从衣袋里掏出一个小皮包，付了酒资，留下半个比赛塔[2]作小费。

服务员目送他走下街去。一个龙钟老人，踉踉跄跄地走着，不过还很矜持。

“你为什么不让他呆呆，再喝一点？”不急于走的服务员问。他们在收拾场子。“还不到两点半呢。”

“我要回家睡觉。”

“一个钟头算什么呢？”

“对我可比对他重要得多。”

“时间总是一样。”

“你说话的味道就像你自己也成了老头儿了。他可以买瓶酒家里去喝呀。”

“那可不一样。”

“不错，是不一样。”有老婆的服务员表示同意。他并不想辩驳，只是急于要走。

“而你呢？你就不怕不到时候提前回家？”

“你是想侮辱我？”

“不，老兄，只想开个玩笑。”

“我可不怕，”急于走的服务员下好了金属百页门，站起来说，“我有把握，完全有把握。”

“你有青春，有自信心，还有职业，”年长的服务员说，“你什么都齐全。”

“你又缺些什么？”

“什么都缺，有的只是工作。”

“我有的，你不都有？”

“没有。我从来没有信心，我也不年轻了。”

“来吧，别胡扯了，上锁吧。”

“我就和那些老爱在咖啡馆呆着不走的人一样，”年长的服务员说，“和所有不想上床的人一样，和那些夜里需要光明的人一样。”

“我可要回家，要去睡了。”

“咱们是两号人。”年长的服务员说。他已经换了回家的衣服。“那倒不单单是年轻和信心的问题，尽管这两桩都是美事。每天每夜我都不情愿打烊，因为，说不定还会有什么人需要我们的咖啡馆。”

“老兄，还有通宵营业的酒家呀。”

“你不明白，咱们这儿是一家清爽舒适的咖啡馆。这里的照明挺合适，灯光挺舒服。另外，这时候还有树叶阴影。”

“得啦，明儿见。”年轻服务员说。

“明儿见。”另一个答道。他一面关灯，一面继续自言自语下去：自然是由于灯光的缘故，而要紧的是，场子也得清爽舒服。可以不要音乐。当然，并不需要音乐。站在酒吧前面也不能保持个人尊严，尽管这时还在营业的只有酒吧间了。老头子所怕的是什么呢？那不是怕或者恐惧的问题。那是一种他所熟悉的空虚感。那完全是一片空虚，人也是空空一生。只有光明才是他所需要的一切，加上一定的整洁和条理。有些人生活在空虚之中而没有感觉到这一点。但他明白：这一切都是空虚加上空虚，加空虚，加上空虚。我们在空虚上的空虚，愿你的名为空虚，你的国空虚，你的旨意空虚，行在地上如同行在空虚之上。我们空虚的空虚求你赐给我们，空虚我们的空虚如同我们空虚了我们的空虚。空虚我们不爱空虚，拯救我们脱离空虚；加上空虚。[3] 圣母无所谓，满被无所谓者，无所谓与你同在。[4] 他微微一笑，在一家备有蒸汽咖啡机的酒吧前面站住了。咖啡机亮晶晶地招徕客人。

“您来点什么?”

“空虚。”

“又一个疯子。”酒吧师傅嘟囔着转身欲走。

“来一小杯。”服务员说。

酒吧师傅给他倒了一杯。

“照明还不错，也还舒服，就是酒吧没擦干净。”服务员打量着。

酒吧师傅打量着他，没有应声。夜深不是聊天的时候。

“再来一杯吗?”酒吧师傅问。

“不啦，谢谢你。”服务员说着踱了出来。他不喜欢酒吧，不喜欢通宵酒家。而一处整洁的、照明合适的咖啡馆又当别论。现在，他该回家，回自己的房间，别再胡思乱想了。他又得久久躺在床上，一直守到拂晓才能入睡。归根结底，他自己告诉自己，那也许只是有了失眠的毛病。一定有不少人害这种病。

注释

[1] A Clean Well-Lighted Place, by Ernest Hemingway.

[2] 比赛塔，西班牙钱币。

[3]《主祷文》:“我们在天上的父，愿你的名为圣，你的国降临，你的旨意行在地上如同行在天上。我们今日的粮食求你赐给我们，免了我们的债如同我们免了别人的债。指引我们不受诱惑，拯救我们脱离罪恶，阿门。”此处系模拟上述用法。

[4]《圣母颂》:“圣母玛丽亚，满被恩宠者，我主与你同在。”此处系模拟上述用法。

17 蕴藉之美

YUN JIE ZHI MEI

“啊！能够不做声多舒服！”他说着伸了个懒腰。

“说话真没意思！”她回答。

“对啦，不说话大家已经很了解了！”

自从第一次读《约翰·克利斯朵夫》，读到主人公与萨皮纳夏夜乘凉的那一段，我就始终记得这几句对话。是的，那是一个静谧的夏夜，四下里静悄悄。远处田里传来新近割过的草原的气息，邻家平台上飘来丁香花的香味。群星点缀着淡绿的天，像一朵朵翠菊。教堂的钟声敲着十一点……这种时刻，倘能不说话，让各自的心灵去遐想，去幽思，去领略无尽的大自然的奥秘，该有多好！

克利斯朵夫的这番经验，其实我们大家何尝没有？自然美且不去说它；当我们看电影，读诗歌，听乐曲，到了物我两忘、如醉如痴的境界时，最害怕的是什么？还不是怕出来一个“热心人”在耳边聒噪？因为他把我们一点独立欣赏的乐趣全给破坏了。

聪明的作者了解到人们的审美心理，写作时便往往注意含蓄，不把一切都说出来。他总是留下一片空地，让欣赏者自己去咀嚼，品味，想象，去进行艺术的再创造。他省去了一些笔墨，作品却获得了蕴藉之美。

说来你或许不信：当有声影片初问世时，人们对它的欢迎是很谨慎的。卓别林似乎想不出该让他的滑稽主人公说些什么；观众也似乎觉得还是无声片更有味道。以致苏联导演罗姆把莫泊桑的名著《羊脂球》搬上银幕时，尽管有声片已经获得充分发展，他还是拍成了一部无声片。

对此，电影美学家和电影史学家们一定能讲出许许多多道理。而在我看来，无声片至少有一点比较优越，就是在对话方面较易隐藏短处，说得文气一点，就是易于藏拙。即便影片中的人物说着毫无趣味的话，观众也会因为未闻其声而能够忍耐，甚至觉得有趣。据巴拉兹《电影美学》介绍，《羊脂球》中有一个场面，是让两个“最讲究贞节”的修女去劝说羊脂球答应陪普鲁士军官过夜。劝说的内容无非是：你反正是一个妓女了，多接近一个男人或少接近一个男人，没有多大关系；全车的人却可因此获救……如果是在有声片中，这种单调的劝说哪怕只重复二三遍，观众听了都会极不耐烦。而在无声片中，观众只看见修女的嘴在飞快地不停地动着，听不见声音，这样，他们就不但能够忍受，而且会被画面所吸引，从那喋喋不休的神态中看清修女残酷而卑劣的灵魂。

藏拙，是消极的说法。从积极方面说，无声片把生活中本来可以听到的话语化为无声的说话动作，而将说话的内容和语调付诸观众自身的想象。这样，在观众就有一种创造的乐趣，而在作品则平添了蕴藉之美。同样的情形也出现在他种艺术中。譬如黑白摄影常常比彩色摄影更耐人寻味，这不仅因为黑与白的对比更为鲜明，也因为黑白在表现生活色彩方面更为含蓄蕴藉，因而更能引起观者的想象。当然，我无意贬低有声和彩色。它们的出现，毫无疑问是电影、摄影技术的一大进步；只是，在蕴藉之美的追求中，给艺术家提出了新的课题。

我们还是回到小说上来。小说，无所谓有声与无声，但小说同样讲究蕴藉。这蕴藉，首先在于作者永远不要自己跳出来宣讲主题、表明倾向；不要像个蹩脚的厨师那样，自己跑出来解释这菜如何好吃，那菜如何鲜美。菜的滋味，应让吃客去品尝。恩格斯说过，“倾向应当从场面和情节中自然而然地流露出来，而不应当特别把它指点出来。”(《致敏·考茨基》)因为是自然流露的，人们对作品的倾向或许不能一眼看透，不同的人或许会有不同的看法，但这没有关系。这正说明作品蕴涵甚深，引人遐想，发人深思。哈姆莱特为什么延宕？自从莎士比亚的悲剧问世，这问题已经争论了几百年。《红楼梦》的命意何在？诚如鲁迅所说，“经学家看见《易》，道学家看见淫，才子看见缠绵，革命家看见排满，流言家看见宫闱秘事……”“在我的眼下的宝玉，却看见他看见许多死亡。”今天，对《红楼梦》的探讨甚至已成为一种专门的学问。《水浒》、《西游记》这类作品，倾向好像应该很明确，而实际上也有争议：《水浒》，究竟是好在投降，还是好在反抗？《西游记》，究竟是一个主题，还是双重主题？孙悟空的大闹天宫，如果算是对统治阶级的造反，那么，后来他对牛魔王等妖怪的斗争，算不算“镇压阶级弟兄”？

当然，题旨含蓄，不等于没有题旨。但凡伟大的作品，都有深刻的主题，不管一时如何众说纷纭，日久自然越辩越明。即拿《红楼梦》来说，上述几种人的眼光虽各不同，但唯独鲁迅看到了小说主题的悲剧性。比较起来，他的观点就比“经学家”、“道学家”们正确，趣味比他们健康，对《红楼梦》艺术美的领会也比他们深刻。再拿《西游记》来说，如果我们能就具体作品具体分析，把孙悟空保唐僧取经看成是对一种美好理想的执著追求，看成是小说的另一主题，那么，对他一路所经历的斗争、磨难、曲折，也就不难解释了。

当代作家中，也有不少人善于运用蕴藉的手腕，使作品的题旨若隐若显，让读者多一层回味。青年作家王安忆的某些小说，便十分耐读。她的《墙基》，在常识问题上似有失误，（譬如说“人在地球上已经生存了三十亿年”之类，说明作者在动乱年头大概未能上到生物课和历史课。）但作品的题旨却既深刻又含蓄。它巧妙地把两条住着不同阶层居民的弄堂放到一起，通过一群性格各异的孩子的生活和眼光，写出墙基两边人们的隔膜、误解和对立。其笔触之真实、细腻，使我们这些身在异乡的“老上海”简直如临其境；然而，要我们用一二句话将作品的主题和倾向概括出来，却很难很难。实际上，作者展示的绝不仅仅是几个孩子的不同命运，也不仅仅是“文化大革命”中的几幕悲喜剧。她看到的是一种复杂而具体的差别，这差别正是共产主义所要消灭的“三大差别”的一部分。目前，她还不知道应该怎样去铲除这一道象征差别的墙基，她只能如实地告诉人们：

墙基，还在，横着。高出地面一二厘米，固执地沉默着。

她没有把自己都不太清楚的历史的未来的解决办法硬塞给读者，只是把自己的感觉、自己的忧思通过真实的描写、合理的褒贬传达给读者。唯其如此，作品就更能把人们的思绪引向深处，引向未来。

含蓄，不单单表现在主题上。不同的艺术形式、不同的作家和作品，在蕴藉之美的追求中，可以有各个不同的途径和方法。譬如有声片在对话方面不像无声片那样易于藏拙，但表情动作却远比后者含蓄。所以，索菲娅·罗兰回忆起早年一位只会教她“挤眉弄眼”的戏校教师时，用调侃的口吻说：“这位教师显然不承认默片时代已经过去。”（《生活和爱情》）世界上的事物总是有利有弊：无声片为了让人明白，表情动作只得适当夸张；有声片的表情动作接近生活，但对话弄得不好，又变成废话连篇。怎样使作品既接近生活，又饶有韵致呢？这就得看编导的修养和功力了。去年放映的《城南旧事》，在知识界特别获得好评。依我看，它的主要优点即在导演手法的自然朴素，含蓄蕴藉。

小说的蕴藉，则可表现在性格刻画、情节设计、细节描写、语言运用等各个方面。我们的祖先，历来对含蓄蕴藉的风格十分推崇。从古典文论和画论中，可以读到这方面的种种论述，其中不少对于小说创作很有启发。然而正如有声片与无声片各有利弊，小说在运用含蓄的手法方面，也有它的局限。宋代诗人梅圣俞有句很有名的话，叫做：“状难写之景如在目前，含不尽之意见于言外。”“如在目前”和“见于言外”是两种不同的美的形态，前者显露，后者含蓄。按照梅圣俞的意思，描写风景应当显露，抒发感情宜于含蓄。由于诗的主要特色就是抒情，哪怕叙事诗，其抒情的色彩也远较一般散文为强，因此，含蓄之于诗歌，犹如水之于鱼，是不可分割的关系。然而小说的主要特色却不在抒情，而在描写。描写，就要显露，就要“如在目前”。可见，它同含蓄的关系远不像诗歌那样密切。

那么，小说要不要讲究含蓄呢？还是要的。首先，小说也有抒情之时。抒情，可以是直接的，所谓直抒胸臆；也可以是蕴藉的。

蕴藉的抒情，常常与描写交融在一起，所谓景中见情，情中见景，而其意蕴往往比直接的抒情更深，也更感人。我在《真切之美》中曾以《茶花女》和《祝福》为例，谈到两者感情都很真挚，但鲁迅的写法更为含蓄，因而也更深沉。

其次，描写，尽管要求“如在目前”，但究竟将人物的何种神态、何种性格、何种生活场景移到“目前”，却大有讲究。先谈生活场景。“笙歌归院落，灯火下楼台”是众所皆知的例子了，它展现的只是酒阑席散的景象，却使人联想到宴会的豪华场景。其含蓄之处不是很值得小说作者们借鉴吗？巴尔扎克的描写，素以淋漓尽致见称，似乎每写一样东西，都要把一切形容的话掏尽方休，但是他选择场景却颇有讲究。试看他描写夏倍上校的住处，从“马夫不肯把轻便两轮车赶进一条不铺石子的街”写起，一直写到这房子“甚至还比不上乡下最单薄的住屋”，写到房间内部异乎寻常的破烂。举凡可以用来形容一所破屋的话，他几乎都想到了。在描写方面不愧是“如在目前”，毫无保留。然而，通过住所来反映人物性格，不是一种含蓄的写法吗？巴尔扎克自然没有读过“灯火下楼台”的诗，但是，他选择的场景的确从一个侧面巧妙地衬出了主人公心地的善良与宽厚、生活的凄凉与贫穷。

再谈神态与性格。我记起了李廌《画品》中的一段议论，相当精彩。他认为，画鹰、鹞一类猛禽，不必总是画得张牙舞爪，凶相毕露；而可以画一只鹞子坐在枯枝上，悠悠然貌甚闲暇，只是若不经意地把目光射向草中的鹌鹑。观者会不会觉得这是一只不中用的鹞子呢？决不会！因为它的“貌甚闲暇”既是迷惑对方（鹌鹑或别的猎取物）的需要，也是充满自信的表现。我们从它此时的“闲暇”完全可以想见它发动攻击时“霜拳老足，必无虚下”的气概！这里，手法的含蓄导致了最积极的艺术效果。小说中的人物神态与性格，大概比画上的一只鹞子复杂得多，但是，仔细揣摩，就会发现，举凡成功的神态描写、性格刻画，或多或少会与上述画论有所相通。

蕴藉含蓄，在某些小说中可以笼罩全书，形成一种整体风格；但在多数小说中，它只是一种手法和技巧。它常常突出地被用于小说尤其是短篇小说的结尾（对此，我在《健举之美》中已经谈过）。它也可以表现于小说的某个部分、某个片段。譬如，《约翰·克利斯朵夫》的主要特色不是蕴藉含蓄，而是雄浑崇高；但在某些地方，罗曼·罗兰也很善于运用含蓄的笔墨。本文开头谈到了克利斯朵夫和萨皮纳在宁静的夏夜对于无言之美的领会，而事实上，作者对这一对恋人的爱情描写本身就是一首含蓄蕴藉的无言歌。他写了他们的爱情由萌生到破灭的全过程，但究竟两人何以会相爱？倘若萨皮纳不死，爱情又会有怎样的结局？他却没有明说。我们只知道，他们在一起乘凉，由于不爱说话反而获得心的交流。以后，在乡村泛舟时，感情有了微妙的进展。船上，萨皮纳一面同她哥哥闲聊，一面同克利斯朵夫对望着——

> ……嘴里仿佛说："我看的不是你呀。"但两人的眼睛是表示："不错，我是爱你的，但你是谁呢？……不问你是谁，我是爱你的，但你究竟是谁啊？……"

变天了，虚弱的萨皮纳经受不住，一阵痛苦。然而就在此时，相爱的意识更加明确了——

> ……她闭上眼睛，小小的脸发了白，抿着嘴，一动不

动……克利斯朵夫一阵难过，向她探着身子。她睁开眼来，看见克利斯朵夫很不放心地瞧着她打着问号，就对他微微一笑。那对他简直是一道阳光。他低声问：

"你病了吗？"

她摇摇头说："我觉得冷。"

…………

从两人相识到萨皮纳死去，作者从未对他们的爱情基础作任何直接的说明，尤其是决不按照俗套把萨皮纳写成音乐爱好者。相反，当克利斯朵夫问她是否喜欢音乐时，她老老实实地回答"不"。书呢？也不爱看。彼此似乎谈不上有什么共同的志趣。然而读者却觉得这爱情很可信，很感人，很有余味。作者留下的是一串省略号，它在人们心中化为问号，经过思索，玩味，渐渐形成答案。这里就见出蕴藉之美的力量了。

18 映衬之美

YING CHEN ZHI MEI

17世纪西欧美术史上，有桩著名的公案：荷兰大画家伦勃朗受一群军官的委托，为他们绘制集体肖像。他不像一般平庸的画手，把人物整齐地排列在明亮的光线中，而是创造了一个富于情节的场面：似乎这群军官正要出发去执行什么公务，有的在商议，有的在擦枪，有的在擂鼓……这样一来，若干人物就不能不处于模糊的暗影中，于是引起订画者的抗议。纠纷越闹越大，终于使一代巨匠声名受损，从此走向潦倒。

我所见过的这幅名画（后人题名《夜巡》）的印刷品，印得都不讲究，无法欣赏细部。然而，其中有个人物，却从第一次观画时就引起了我的惊叹。那是夹在众军官中的一个小女孩，她显然不明白发生了什么事，被大人牵着急匆匆穿过喧嚣的人群，忍不住想停下来看个究竟。她的童稚的表情与军官们兴奋、紧张的神态构成强烈的对比，金黄色的头发和浅色的衣裙也与军官们深色的服装形成鲜明的对照。即便在最粗糙的黑白印刷品中，这对比和对照也极为引人注目。据说有些批评家对于女孩的出现表示费解，但我以为这正是伦勃朗的匠心所在。她的光彩使周围的阴郁加深，她的天真无邪使作战的严肃性加强。她是一个小小的陪衬，却为整个画面所不可或缺。

高明的艺术家都懂得陪衬的道理。它是对作品基调的一种烘托，一个伴奏。西洋音乐由单调乐曲到复调、主调乐曲的发展，反映了人们在听觉艺术领域对映衬之美的追求与掌握。视觉艺术中，明亮画面中的一块阴影，阴暗画面中的一抹亮光，都能给作品带来意想不到的效果，伦勃朗《夜巡》中的小女孩只是一个突出的例子。再如俄国画家克列姆斯柯依的《月夜》，画的是一处幽静的树林，一个身着白色长裙的女子在沉思。画面左方昏昏暗暗，唯独一棵树干的下半截，恰被月光照射，透出迷人的光彩。这手笔不为外行注意，却是非常出色，一旦遮去，画面的生气马上会大大减弱。

小说，也有它的基调，或壮美，或优美，或高昂，或低沉，或悲怆，或谐谑……但任何基调，倘无映衬，就不免单调，体现不出刚柔相济的节奏感。举凡成功之作，往往不是在戎马仓皇的紧张局面中插入抒情短曲，就是在安逸悠闲的描写中突然变生不测。“忽而鼍鼓忽笙簧，不是寻常翰墨场。”唯其有张有弛，方始摇曳多姿。叶蔚林的《没有航标的河流》，主调应当说比较强悍，它是由放排人粗犷的性格带来的。但其所以富于强悍之美，并非由于一味粗犷，恰恰是由于粗犷中不时穿插着哀婉动人的爱情描写。作者很善于采用突变的手法来转换气氛，不唯节省笔墨，而且形成跌宕。木排上，盘老五和石牯有过两次剑拔弩张的冲突。第一次，先是彼此骂着“臭屁”、“你滚”，马上就要动手。正当石牯猛地扑向盘老五时，后者却灵巧地闪开了，于是一阵笑声过后，情节转入盘老五对洗衣女子的凄恻的回忆……

第二次转换更令人惊异——

> 盘老五火了，闪电一般，对准石牯的胸脯猛擂一拳。石牯猝然倒退一步，站稳了，激怒的脸庞，歪扭得变了形，眼睛疯狂地盯住盘老五，两只拳头捏得格格响……
>
> ……一场格斗是难免的了。但就在这时，石牯突然像触电一样怔住了，刹那间，浑身筋肉松弛下来。他的目光离开盘老五的脸，越过他的头顶，望向高高的河岸。

原来，石牯看见了情人改改。她正站在青草离离的高岸上，穿着一身红衣裳。他立刻把她接上木排，盘老五为他们腾出棚子。很快地，两个男人之间的冲突烟消云散，暴怒的雷雨为柔和的星月所代替。潇水变得宁静了，木排缓缓地流淌，一对情人在苍茫的夜幕下相依相偎，喁喁细语……虽然，作者把“银色的月光”与“布满星星的天空”放在一起，令人感到不太真实，但我还是赞赏他的笔力。真是能刚能柔，温柔处缠绵尽致，刚强处才更惊心动魄！

映衬之美，当然不仅仅表现为情节的起伏；更多的情况下，它表现为人与人之间、人与物之间的交相辉映。《堂·吉诃德》中，又高又瘦、被骑士文学迷了心窍的主人公，倘无又矮又胖、对世界的认识远比主人现实的桑丘作陪衬，小说的魅力起码要失去一半，甚至很难成书。因为，几乎在堂·吉诃德的每一次冒险、每一次战斗、每一次判断中，桑丘都给以有力的衬托，使前者的言行不是变得更可笑，就是变得更可悲。譬如，主仆二人经常挨打。之后，堂·吉诃德首先想的是自己的行为是否符合“骑士道”？对方是不是“骑士”？有没有使用正规武器？自己算不算受了侮辱？等等。而桑丘的想法总是实际得多，对于是否受了侮辱之类，他满不在乎，“苦的是给揍得疼痛，肩膀上、心眼里都痛得撒不开。”

有时，堂·吉诃德受了虚惊，或打了“胜仗”，桑丘的表现也总是妙不可言，把主人的怪诞烘托得更加鲜明。一次，他们在漆黑的夜晚听到一种吓人的敲打声，堂·吉诃德便要去冒险，而且准备牺牲。天明后才发觉那不过是砑布机上六个槌子交替拍打发出的响声。这时只见桑丘“鼓着两个腮帮子，含着满嘴的笑，分明就要憋不住了”。他终于捧腹大笑，而且连讥带讽，学着主人夜晚的口吻说：“桑丘朋友，你该知道，天叫我生在这个铁的时代，是要我恢复金子的时代……各种奇事险遇、丰功伟绩，都是特地留给我的。”读者读到这里，也都忍不住要微笑了。

又有一次，堂·吉诃德打败了理发师，把后者的面盆当做异教徒的头盔戴在头上。这时桑丘的表现尤为绝妙——

> 桑丘听他把个盆叫做头盔，忍不住好笑；可是想到他主人的火气，笑了一半忙又忍住。
>
> 堂·吉诃德说：“桑丘，你笑什么？”
>
> 他说：“我是想到那位异教徒原主的脑袋那么大，这只头盔竟活像一只理发师的盆儿了。”

这是桑丘的幽默。正是从这类描写中，塞万提斯显示出熟练的独特的映衬技巧。

我国艺术家历来也都注意人物形象的相互映衬。戏曲的例子太多太多，只能聊举一二：《钟馗嫁妹》，且不谈内容，单就造型而言，已经构成一丑一美、一粗一细的鲜明对比。《霸王别姬》，不独造型富于对比感，而且由于虞姬的衬托，霸王失败的悲剧气氛大大加重了。小说的例子也很多很多。《三国演义》中，曹操杀吕伯奢一家，表现了他“宁教我负天下人，不教天下人负我”的性格，这性格在陈宫的反衬下变得格外鲜明。从捉放曹到不告而别，读者也随着陈宫对曹操进行了一番由表及里、由浅入深的观察。《红楼梦》，俞平伯先生在60年代初曾提出一个“晴为黛影”、“袭为钗副”的观点，不久便有人提出商榷。但从映衬的角度看，则我以为，不仅晴雯与黛玉、袭人与宝钗互为正衬，而且晴袭之间、黛钗之间也互为反衬。此外，在大观园的豪宴中突然夹进刘姥姥，通过一个穷老婆子的眼睛去看富贵世界；在替贾敬办丧期间，突然插进尤家姐妹，从二尤的遭遇来反映贾府子弟的荒淫无耻；等等，都是极具匠心的映衬手笔。

与上述描写堪称异曲同工的是茅盾的《子夜》。这部长篇，中心背景是30年代初期的上海。作者显然希望一开场就把人物活动的典型环境展现在读者面前。他选择了一个极好的角度——吴老太爷的角度。这个半身不遂的老朽在书中无足轻重，而且几乎一出场就死了。但是通过他的眼睛、他的感受来看十里洋场，就像通过刘姥姥去看大观园一样，一切事物都带上了异样的色彩。不同的是，刘姥姥怀着惊羡的心理走进那个世界，赞扬、讨好唯恐不及；而吴老太爷的头脑却受着《太上感应篇》的指挥，目睹的只是“邪魔”和“妖怪”，引起的只是憎恶与愤怒：

……机械的骚音，汽车的臭屁，和女人身上的香气，霓虹电管的赤光——一切梦魇似的都市的精怪，毫无怜悯地压到吴老太爷朽弱的心灵上，直到他只有目眩，只有耳鸣，只有头晕！直到他的刺激过度的神经像要爆裂似的发痛，直到他的狂跳不歇的心脏不能再跳动！

这是吴老太爷在汽车上的感觉。到家后，大家都来欢迎他，然而艳妆的女人在他看去“简直是夜叉，是鬼”！电扇对他说来也是“一个怪东西，是浑圆的一片金光，荷荷地响着……吹出了叫人气噎的猛风，像是什么金脸的妖怪在那里摇头作法”。他终于经受不住强刺激，得了脑充血……

那么，映衬是否必须选择吴老太爷这样的角色，来构成强烈的对比呢？也不一定。巴尔扎克笔下的邦斯舅舅，是个善良的老音乐家。作为他的陪衬的是与他性格相近、气味相投的另一个老音乐家许模克。他们都有德国人那种婆婆妈妈的孩子气，爱花成癖，爱一切天然景致；又都像儿童一样，虽然信奉旧教，却觉得没有什么可以向忏悔师说的。他们拿音乐来代替谈话，一问一答，可以无穷尽地谈下去。他们简直就是彼此的化身，人们称他俩为“一对榛子钳”。然而，正是由于许模克的存在，邦斯的性格更加鲜明突出了。试想邦斯失去吃白食的权利后，如果只是一般地写他对于美食的怀念，给人的印象不会太深。现在加进一个许模克，他是那样爱自己的老友，把与老友共餐视为人生莫大的幸福，竭力让后者吃得满意。而邦斯尽管满心感激，内心深处还是不能忘怀早先尝过的种种美味，终于“相思”成疾，越来越萎靡不振，这就把他那不可救药的饕餮极生动地刻画了出来。又如邦斯收藏的珍贵古董，受到别人的算计，原不足怪，偏偏经好心的许模克之手被廉价地卖出去，老人的悲剧就更令人扼腕了。

一般说来，人物之间的相互映衬是小说创作必不可少的手法。

作为陪衬的人物，写好了，烘云托月；写得不好，也会给作品带来损害。杰克·伦敦的《海狼》，是一部风格强悍的杰作，初问世时，犹如一声霹雳，震惊了美国社会。可惜，书中唯一的女主人公却写得矫揉造作。正如批评家们指出的，在这个女人身上，“《海狼》表现了19世纪最坏的华而不实的风格；在所有其他方面，这部小说却是20世纪文学最好的先驱。”（《马背上的水手》）作者的原意无疑是想让这唯一的女性成为小说最有力的映衬，结果却因她而影响了作品完美的风格。另一例证是曹禺的《北京人》，这是一部成功的剧作。它写一个封建世家的腐烂和崩溃，笔锋所及，所有的旧人形象都活灵活现，呼之欲出。美中不足的是，以新人形象出现的袁氏父女颇不自然。每逢他们登场，观众就感到别扭。作者的初衷恐怕是想给阴暗的画面抹上一笔亮色，然而未能收到预期的效果。

谈到景物对人物的映衬，那种逢到悲剧，雷雨交加，逢到喜事，鲜花盛开的公式化写法，当然是不足取的。如果能从生活出发，将写景与写人有机地融合起来，则肯定会在气氛的渲染上给人物的行为以有力的映衬。高尔基很讲究这种写法。他的《契尔卡什》，写主人公夜晚去海上行窃，就曾多次描绘海上的夜景，变化的乌云——

> ……夜变得越来越暗，也越来越沉默了……乌云在天空扩散了，像是块平坦而沉重的帷幕，低低地笼罩在水面上，一动也不动地遮盖了大海……

这是行窃的大好天气。契尔卡什见此漫天乌云，就巴不得再下场雨，使他们可以像躲在幕后那样溜过去。但正在他高兴之时，气氛突变，巡逻队出现了。探照灯像一把巨剑划破黑夜，掠过乌云，横倒在大海的胸脯上——

> ……它躺着，在它的光辉照耀到的地方，从黑暗里浮现出本来看不见的黑黝黝的、沉默的、笼罩在夜雾里的船只……

这是最紧张的时刻，性命攸关的时刻，契尔卡什的同伙吓得发抖了（这是人物的映衬）。然而恐怖终于过去，他们胜利地完成了偷窃。这时——

> 风吹开了几处乌云，从裂口处看得见一块块蓝天和天上一两颗星星……这些星星在波浪中跳跃着，时而隐没，时而重又闪现。

整个《契尔卡什》的写景，都以暗夜和乌云为主调，但作者的笔墨善于变化，从而有力地陪衬了人物忽喜忽惧的心情。

最后，我想指出的是，映衬手法的运用虽易造成明显的效果，但用之过分，也会喧宾夺主。不久前读到张承志的新作《北方的河》，激赏之余，也不无惋惜。像这样以六条北方的河为背景，笔力又颇雄健，如果展开的是一部气势浩荡的长篇，那给我们的感觉一定非常和谐。可惜，如此壮阔的背景被置入一部仅仅六万字的中篇，整个故事又并没有什么特别的英雄气概，这样，作为陪衬的“河”便压倒了作为主体的“人”。好像我们听一位男高音歌手的演唱，他的嗓子也许本来还过得去，不料乐队过于辉煌，于是歌声反而被淹没了。

19 透迤之美

WEI YI ZHI MEI

如果按照美的形态，给桂冠标上种种名称:“雄浑”、“洗炼”、“素朴”、“优雅”、“飘逸”、“清丽”……那么我想，获得“透迤”之冠的一定是中国的艺术家和文学家。

透迤，就是蜿蜒，就是曲折；中国艺术的一个鲜明特征就是充满蜿蜒曲折之美。据《西方美术史纲》(李浴著）记载：18世纪初叶的英国公园，“类似法国凡尔赛宫的严格几何设计的气魄，形式呆板无趣。”到了中叶，出现了反对“正规花园”的运动，于是一批美妙如画的公园应运而生，并很快流行到法国和德国。这个运动的主旨，一言以蔽之，曰：自然风景要避免直线。而它所师法的对象，正是古老的中国园林，因此这类新型的公园又被称为“中英公园”。

可见，在西方人的心目中，中国园林也是最富于透迤之美的。它的妙处全在“曲径通幽”：往往方圆不过数亩，却经营得幽深莫测，将你从一个胜境引入另一胜境，让你不时感到一阵意外的别有洞天的欣喜。

中国的文学，也素来讲究曲折。从金代大诗人元遗山到清代诗论家袁子才，都主张诗文宜曲不宜直。评批《西厢记》的金圣叹和评批《红楼梦》的脂砚斋更从戏剧和小说的角度，谈到“文章之妙无过曲折”，“山无起伏，便是顽山；水无潆洄，便是死水”……

曲折，可以有多种创造途径，但概而言之，不外两个方面：一为描写的手段；一为情节的设计。前者，系就一切体裁而言；后者，则仅限于叙事性作品。

一个主题，一件事物，一种感情，光从正面描写，走的是直道，它让人一目了然，因而回味也不多。如兼从侧面、反面去说，文字多了一层波澜，耐人寻味的意境也倏然出现了。

柳永的《八声甘州》，是写游子思归的名篇，其中“渐霜风凄紧，关河冷落，残照当楼”等句，连苏东坡读了都击节称赏。然而词的下片更富于逶迤的情致：

> 不忍登高临远，望故乡渺邈，归思难收。叹年来踪迹，何事苦淹留。想佳人妆楼颙望，误几回天际识归舟。争知我倚阑干处，正恁凝愁。

这段文字的好处，在于它不单从“我”的角度去写自己如何如何思念故乡，而且能换一个角度，去想象那远方“佳人”盼望自己归去的心情，中间似还夹有一丝难言的苦衷。诗不过寥寥数行，感情的表达却恁般婉转、细腻，难怪其人其作在当年那么受欢迎，“凡有井水处，即能歌柳词”了。

当然，此种写法绝非柳永首创，而是古典诗歌的一个优良传统。譬如王维的“遥知兄弟登高处，遍插茱萸少一人”，分明是自己在重阳节思念几个远方的兄弟，却倒过去想象兄弟们登高发现少了自己时的心情，诗的意味顿时显得深长了。又如杜甫的“今夜鄜州月，闺中只独看”，李商隐的“何当共剪西窗烛，却话巴山夜雨时”，也都是忽而从对方着想，忽而回到自己身上，忽而鄜州，忽而巴山，忽南忽北，忽东忽西，在角度的变化中“曲”尽其妙。

小说总是通过各种各样的矛盾来塑造形象，反映生活。矛盾需要有对立面，所以它的人物必然在两个以上，诗歌中的角度变化对于小说来说是不足为奇的。但在描写的手法上，它却同样讲究逶迤之美。即以描写人物而言，无论写外貌或写性格，是直白地写去，还是有意拐个弯，其间趣味往往大相轩轾。

读过老舍小说的人，大都忘不了他那活灵活现的外貌描写。什么道理呢？我想作者的善于“拐弯”怕是一大原因。譬如，《二马》中有这么一幅肖像：

> 伊牧师虽然六十多岁了，腰板还挺得笔直。头发不多，可是全白了。没留胡子，腮上刮得晶亮；要是脸上没有褶儿，简直的像两块茶青色的瓷砖。两只大眼睛，歇歇松松的安着一对小黄眼珠儿。眼睛上面挂着两条肉棱儿，大概在二三十年前棱儿上也长过眉毛……

细心看去，便可发现，这里所有的描写都拐了弯。六十多岁的人，背不是微驼，而是“挺得笔直”，这是一“弯”。秃头的人，黑发居多，然而他却又白又秃，这是又一“弯”。带“褶儿”的腮帮与“瓷砖”本不相似，却又仿佛相似，这是第三“弯”。眼睛大而眼珠偏偏很小，这是第四“弯”。而最令人叫绝的是第五“弯”，即对伊牧师眉毛的描写。试想作者如果一语道破他没有眉毛，那给读者的印象一定十分平淡；现在翻过去说那肉棱儿上先前或许长过眉毛，形象立刻生动起来，这显然是曲笔带来的效果。

写人物性格，是用直笔写出一面，还是用曲笔写出两面或多面，也是形象能否真正活跃纸上的一个重要条件。优秀的古典小说，写弱者，往往有霎时的坚强；写强者，难免有偶尔的软弱。愚者，要写出他的千虑一得；智者，则要写出他的千虑一失。悭吝人，要写出他特定条件下的慷慨；胆小鬼，也要写出他某种关头的勇敢。《水浒》中的鲁智深、李逵，都是刚肠直性的好汉，然而身上又都有各自不同的“曲”的一面。鲁智深能一脚将泼皮们踢入粪窖，足见他的粗中有细，所以如果把李逵浔阳江买鱼的故事移到这位花和尚身上，他就绝不会吃浪里白条的亏。而李逵也并非没有乖觉的地方，只是他的乖觉表现得更为奇特。譬如他在家中排行第二，却偏偏逢人自称“李大”，到了急切中需要改名换姓时反而自称“李二”。金圣叹曾经就此批道:“试想他肚里是何没分晓!”李逵的乖觉正是和“没分晓”联系在一起。《红楼梦》描写性格的技巧在古典小说中无与伦比，而多面性的描写也是它获得成功的捷径之一。譬如史湘云，平素开朗而大度，但在薛宝钗生日的那个晚上，由于说了一句那戏子“倒像林妹妹的模样儿”而被宝玉“瞅了一眼”后，“一般也恼了”，马上就要收拾衣包回家。这里，作者写出了她“小性子”的一面。又如妙玉，似乎是清心寡欲的，但在下面的文字中我们却看到了一个春心未泯的少女形象：

> ……“妙公轻易不出禅关，今日何缘下凡一走?”妙玉听了，忽然把脸一红，也不答言，低了头，自看那棋。宝玉自觉造次，连忙赔笑道:“倒是出家人比不得我们在家的

俗人。头一件，心是静的。静则灵，灵则慧——”宝玉尚未说完，只见妙玉微微的把眼一抬，看了宝玉一眼，复又低下头去，那脸上的颜色渐渐的红晕起来。

可以说，妙玉这个“槛外人”之所以使人感到亲切，感到可信，就因为在冷冰冰的袈裟之下，跳跃着一颗矛盾的心，这心的另一面透过脸上升起的红霞暴露无遗了。

情节与人物，是小说的两大要素，如果说，描写手段的曲折可使人物显得饱满而富于立体感，那么，情节设计的曲折更是作品引人入胜的必由之径。人们都知道一个比喻:“文似看山不喜平。”其实，倘将小说也算作“文”，这比喻不见得很确切。山，只要不是“游”，而是“看”，那么，尽管春夏秋冬、阴晴雨雪会给它的色彩带来种种变化，所谓“阴晴众壑殊”，但总的外形轮廓不会有多大改变。它的峥嵘，它的险峻，它的崎岖，它所有的逶迤之美，就像一幅画一样，呈现在观者面前。不论这“画”多么含蓄，都不可能随着时间的流程再演出新的出其不意的局面。

小说却不同。小说情节的曲折表现在它绝不让你一眼看穿，而是引着你峰回路转，绕道而行。在终局到来之前，永远有一个未知的世界向着你招手，使你不能不关心那行将出现而尚未出现的人物、行将发生而尚未发生的事情。我们都知道，《一千零一夜》中，宰相女儿之所以能免遭杀戮，是因为善讲故事。每到天明，她就把一个故事的未来结局或另一个更新奇的故事放在暴戾的国王面前，好奇心促使后者不断地听下去。于是，耿耿长夜在曲折的故事中悄然流逝，国王的杀性也在娓娓的叙述中渐趋泯灭。

然而若与中国的传统小说相比，《一千零一夜》便只能算小巫见大巫了。翻开《今古奇观》，短短的篇幅中，哪个故事不是一波三折？《卖油郎独占花魁》，写秦卖油与花魁娘子的结合，曲里拐弯费了多少周折？《沈小霞相会出师表》，写沈炼父子与严嵩父子的一场斗争，中间又经过几起几伏？蒲松龄的《聊斋志异》，语言远比《今古奇观》凝炼，篇幅远为短小，然而其逶迤跌宕、扑朔迷离之处，又是多么扣人心弦？即拿《胭脂》来说，大约十分钟即可读完的一篇小说，却写了一个那样复杂的破案故事：经过三番推理，翻了两次案，才捉到真正的凶手。记得50年代末期，曾有人将《胭脂》改为通俗白话小说，在《新民晚报》上连载。我所熟悉的许多读者，都是每晚报一到手，先读《胭脂》，其“魔力”之大，由此可见一斑。

至于中国章回小说，那套“欲知后事”的技巧，就更为人熟知了。章回小说发萌于口头文学，古时的说话人为了招徕听众，不得不时时故设悬念，并在情节最紧要的关头猛然收住，待到次日续讲，才又化险为夷，依着正常的轨道前行，然后临到结尾，再突生变故，把听众的心重新悬起来。这种手法，保留到小说中，成为我国古典长篇的一个特点。只需翻翻《三国演义》中有关赤壁之战的那几回，便可看到一些紧扣人心的结尾：

> ……统拜别，至江边，正欲下船，忽见岸上一人，道袍竹冠，一把扯住统曰：“你好大胆！黄盖用苦肉计，阚泽下诈降书，你又来献连环计，只恐烧不尽绝！你们把出这等毒手来，只好瞒曹操，也须瞒我不得！”吓得庞统魂飞魄散……（第四十七回）

> ……正观之际，忽狂风大作，江中波涛拍岸。一阵风

> 过，刮起旗角于周瑜脸上拂过，瑜猛然想起一事在心，大叫一声，往后便倒，口吐鲜血。诸将急救起时，却早已不省人事……（第四十八回）

显然，读到这样的结尾，是不能不急着去看下一回的。

那么，是否故事愈曲折，愈能吸引人们往下看，作品的艺术性就愈高呢？不。这里，我想介绍一本书：《小说面面观》。作者佛斯特是英国当代大小说家，这部书曾被西方誉为“20世纪分析小说艺术的经典之作”。

据佛斯特分析，“故事”和“情节”是两个既有联系又有区别的概念。故事就是按照时间顺序来叙述事件；情节也是事件的叙述，但重点在揭示因果关系。“国王死了，然后王后也死了”是故事。“国王死了，王后也伤心而死”则是情节。对于王后之死这件事，如果我们问:“然后呢?”这是故事；如果我们问:“为什么?”这是情节。

佛斯特举的是最简明的例子，犹如数学中的一加一或一减一，然而所阐述的道理却是深刻的。正是本着这种观点，他认为，司各特和大仲马虽然写了卷帙浩繁的历史小说，但没有一部配称伟大的作品，因为他们主要是在讲故事。唯有托尔斯泰的《战争与和平》才堪称伟大的历史小说，因为它揭示了深刻的因果关系。

我在这篇文章中没有把“故事”和“情节”截然分开，但我是赞同佛斯特的分析的。我认为，中国小说虽然富于逶迤之美，却并不是所有的逶迤之处都值得赞美。“欲知后事，且听下回”的套套，优点是吸引人，而缺点在于程式化。当然，像庞统走到江边，忽被老友徐庶拉住，道破计谋，以及周瑜发现天上刮的不是东南风，因而急晕在地等情节设计，是可取的，因为符合生活的逻辑，也符合人物的性格。可是如果每回结尾都无端地走出一个人来，或莫名其妙地让某人昏厥过去，那就不足为训了。然而在古典长篇中，此类牵强附会的“悬念”怕还不少。同样，对于短篇中的曲折手法，也不能盲目效法。正如《一千零一夜》绝不代表外国小说的高峰；《今古奇观》也只反映我国明代小说的面貌，其中虽不乏传世之作，但也有不少的确还停留在“讲故事”的水平。

曲折是永远值得追求的，但我们今天小说中的曲折，应当不仅是“故事”，而且是“情节”；不仅引起人们的好奇，而且引起人们的深思；不仅使人“欲知后事”，而且使人“欲知原因”；不仅出乎意料，而且合乎情理。

这，才是我们提倡的逶迤之美。

20 起伏之美

QI FU ZHI MEI

“音乐家的圣经以这样一句话开始：万物之初先有节奏。”这是钢琴教育家涅高兹写完《略论节奏》后发出的一声慨叹。

如果我们从时间艺术的角度研究过小说，恐怕也会发出同样的慨叹。节奏不同于节拍。节拍好比钟摆，准确而死板。节奏则宛如人的呼吸、海潮的起伏，均衡中有着无穷的变化。一部小说，自始至终一种节拍，有张无弛，有弛无张，势必让人昏昏欲睡；节奏多变，时起时落，才能引人入胜。

节奏，决定于小说描写的各种矛盾。矛盾产生或激化，节奏必然紧促。矛盾缓和或解决，节奏必然舒缓。矛盾有个酝酿、潜伏的过程，但这过程可详可略，可写可不写。有的作家，为了尽快抓住读者，开卷伊始就推出矛盾，造成一种突兀之感。譬如托尔斯泰创作《安娜·卡列尼娜》时，从普希金小说受到启发，一开始就写安娜兄嫂之间的冲突：

奥布浪斯基家里，一切都混乱了。妻子发觉了丈夫和

> 他们家从前的一个法国女家庭教师有暧昧关系，她向丈夫声言她不能和他再在一个屋子里住下去了……

这里，节奏异常紧凑，没有废话，没有铺垫，矛盾尖锐地展现在读者面前，迫使人一口气读下去。托尔斯泰对此十分得意，从他1873年致斯特拉霍夫的信中，可以看到小说“脱颖而出”后他“怡然自得”的心情。

梁斌《红旗谱》的开头，也是第一句话就把一场白热化的冲突推入前景：

> 平地一声雷，震动了锁井镇一带四十八村：“狠心的恶霸冯兰池，他要砸掉这古钟了！”

记得清初戏剧理论家李渔说过：“开卷之初，当以奇句夺目，使人一见而惊，不敢弃去，此一法也。”（《闲情偶寄·大收煞》）梁斌用的正是“此一法”。每逢读到这类开头，我总不由回想起往岁船行小孤山时的情景：长江下游的风景，原不足观，偏偏到了安徽宿松县境，一座陡峭的孤峰，从平坦坦的江岸忽地冒了出来，亭亭玉立，倒影入江。于是乘客倾舱而出，指点赞叹。果若船在此处泊岸，无疑是大家都要上去看个究竟的了。

不过，倘把《安娜·卡列尼娜》与《红旗谱》作比较，我更欣赏的还是前者。奇句开场虽佳，毕竟带有人工的痕迹，所谓“故作惊人之笔”者是也。托翁的开场则远为朴素，矛盾系用家常的语气娓娓道出，不加雕琢，尽得风流，达到了“大巧若拙”的境界。

矛盾的推出，是“起”，矛盾的缓解，便是“伏”。只起不伏，

甚不足取。特别是长篇小说，弦始终绷得紧紧的，反使读者感到疲劳，变得麻木，好像一根拉得过分的弹簧，失去了弹性。高明的作家，总是让节奏一张一弛，起起伏伏，伏中有起，起中有伏。《安娜·卡列尼娜》中，奥布浪斯基的家庭纠纷，在整部长篇中不过是一个引子，随着安娜的来到，矛盾很快缓和，缓和中却隐伏着另一更主要更严重的矛盾。安娜在火车站与渥伦斯基不期而遇。当晚，就在杜丽"完完全全饶恕"了丈夫，一家人围着茶桌欢谈时，渥伦斯基突然来访，使大家都感到奇怪。波平浪静之中，一场更令读者关心的大潮渐渐逼近了……

《红旗谱》中，砸古钟的冲突也是一个引子。这场冲突以冯兰池的胜利、朱老巩的死亡很快结束。翻开下一章，已是三十年后。朱老巩的儿子闯关东回来，旧恨未泯，新仇又起，冲突势将愈演愈烈。但此时的朱老忠，走南闯北几十年，吸取了父辈斗争失败的教训，主张"出水才看两腿泥"，不复争一日之长短。因此，小说的节奏并没有一紧到底，而是时而波峰浪谷，时而浅草平沙……

我国当代作家中，特别有意识地追求起伏之美的，似乎应推姚雪垠。这首先是因为《李自成》的篇幅数倍于一般长篇小说，倘若他不着意把握节奏，作品很难始终吸引读者。姚雪垠惯用八个字概括自己的追求：笔墨变化，丰富多彩。他认为单调和平庸是长篇小说的大忌。他的追求主要体现在单元的轻重搭配和每一单元、每一章内部的情调变换上。

《李自成》全书采用单元结构。单元与单元之间，情节一般不相衔接。这样，新的单元开始时，新的矛盾、新的气氛也同时呈现出来，读者立刻会感受到节奏的变化。有时，情节好像是连续的，实际上峰回路转，境界已经全然换过。譬如第二卷中，《商洛壮歌》写农民军在瘟疫流行、官军围击、地主武装叛乱、内部杆子哗变等不利条件下的艰苦斗争，而以刘体纯去开封营救牛金星作结。下一单元《汴梁秋色》似乎是写刘在开封的活动，实际上大幅展现的是三百余年前以大相国寺为中心的汴梁风俗画。人物也不以刘为主，而是重笔渲染了宋献策、李信两个重要人物的出场。从节奏说，《商洛壮歌》紧张迫促，《汴梁秋色》悠扬徐缓。用姚雪垠的话来说，前者重，后者轻，连在一起便叫“轻重搭配”。

这种“搭配”在《李自成》中并非个别现象，而是贯串全书的结构法。以第三卷而论，矛盾集中表现为农民军与明王朝对河南省城开封的争夺。李自成对开封发起了三次围攻。而三次围攻的写法完全不同。当小说第二卷在义军向开封挺进的行军声中结束时，人们原以为第三卷的开头会出现一幕攻夺开封的激战场面。殊不知作者对首次围攻开封根本未作正面描写，只是通过《高夫人东征小记》将战事失利的消息透露出来。这样，整个战役就成了一支依稀朦胧的回想曲。唯其如此，当第二次开封战役在激烈的炮战声中拉开帷幕时，才更具惊心动魄的力量。而当第二次战役的硝烟刚刚散去，震天的杀声犹在人们耳际回响时，第三次战役倘又以紧张杀伐的场面开始，则不唯于史实不符，而且必使读者感到厌烦。特别是在第三次围攻之前，还有一个序曲，即《朱仙镇》，也是在对左良玉的穷追猛打中结束的，这就决定了新单元（《洪水滔滔》）更不能一味紧张下去。现在，作者通过一个年轻的秀才娘子牵着孩子在街上行走的画面开始这一单元，便产生了别开生面的效果。我们随着这个少妇的脚步，走到了书声琅琅的私塾门前，同时也走进了一个充满家庭气氛的故事中。

在单元内部，甚至每一章内，姚雪垠同样注意节奏的变化。借

他自己的诗来说，叫作“方看惊涛奔急峡，忽随流水绕芳坡”。惊涛急峡是壮美的形态，流水芳坡是优美的形态。壮美与优美的交替也是一种节奏感。作者自己最喜欢举的例子是第二卷第二十八章。该章共四小节。第一小节写王吉元获知张献忠要害李自成，拼死回闯营报信，一路险情迭起，格调高昂壮美。第二小节写李自成与诸将往西营赴宴，沿途山色宜人，众人笑语不绝，气氛一变而为轻快优美。后半节吴汝义赶来报信，空气始又变得剑拔弩张。三、四两小节分别写闯王在逆境中拒绝王光恩的劝降，在虎吼、雷鸣的高山之夜向将士发表演说，气氛崇高悲壮。后来行军开始了，在经过一个平坦的山坳时，忽闻泉水叮咚，花香扑鼻，飞鸟刚刚醒来，正在枝头啁啾……于是我们眼前又出现了优美的风景画面。

起伏之美不仅决定于矛盾的激化与缓和、情节的紧张与松弛、气氛的壮美与优美，而且决定于矛盾的性质。小说中不同性格的人物登场，构成各个不同的矛盾，也就自然形成不同的场景和氛围。《安娜·卡列尼娜》中，卡列尼娜与渥伦斯基的故事是一条线，列文与吉提的故事是另一条线。两条线平行发展（偶尔也交叉）。前者展示都市贵族生活，后者展示宗法制庄园生活。这样，不但每条线各有自己的矛盾纠葛，波澜起伏；而且两条线彼此也以不同的场面、气氛、色彩形成鲜明的对照。作者曾借列文的比喻指明两种生活的截然不同。那是在列文来到莫斯科时，碰见诺得斯顿伯爵夫人，后者立刻攻击他——

“噢，康斯丹丁·地米特立维奇！你又回到我们的腐败的巴比伦来了！”她说，把她那纤细的、发黄的手伸给他，想起来他在冬初曾经说过莫斯科是巴比伦那么一句话。“那末，是巴比伦改善了呢，还是你堕落了？”……

列文的观点代表了作者的倾向。我们读着小说，时而被带到“腐败的巴比伦”，时而又被投进俄罗斯乡村的怀抱。两者给我们的感受显然完全异样。异样感就是节奏感。

上面所谈都是长篇小说。对于中短篇来说，也有一个节奏起伏问题，但篇幅不等，表现也就各别。

短篇小说，诚如鲁迅所说，是“借一斑略知全豹，以一目尽传精神”。(《〈近代世界短篇小说集〉小引》) 它不可能像长篇小说那样设置众多的矛盾，表现反反复复的冲突；而必须集中笔墨以小见大，以一当十，从一两对矛盾、一两次冲突让人联想到未经描写的种种矛盾和冲突。但是，它仍然可以有张弛，有起伏。记得威廉·荷加斯在《美的分析》中说过，波状线和蛇形线都是极美的。若借用来谈小说，那么我以为，在短篇小说比较单一的矛盾冲突中，同样可以有波状或蛇形的结构。

所谓波状线，就是S形曲线，实际上是由两种相反的曲线连缀而成。契诃夫的《变色龙》，寥寥三千字，只有一对矛盾：金饰匠赫留金和狗的矛盾；一次冲突：狗咬伤了赫留金的手指。但作者要刻画的既不是赫留金，也不是狗，而是前来处理这件事的巡官奥楚蔑洛夫。他的立场忽左忽右，构成两种相反的曲线：当认为那是一条野狗时，他站在赫留金一边；当获知那是将军家的狗时，他站在狗一边。正是在他态度的多次改变中，小说呈现出起伏之美。今天的短篇小说，大都比《变色龙》复杂，但波状结构仍为许多作品所乐于采取。不论是前几年的伤痕题材，当前的改革题材，乃至永不消失的爱情题材，当采取这种结构时，其矛盾线索也许很单一，却绝非直线，而是两种对立方向的曲线的连接。它可能表现为追求，幻灭，再追求，再幻灭……可能表现为失败，成功，再失败，再成功……也可能表现为爱与恨的交替、悲和喜的更迭……在这类小说中，起伏之美与逶迤之美是同时出现的。

所谓蛇形线，是指像蛇一般盘绕而成的线。远远望去，犹如大圆圈中套着小圆圈。鲁迅的《风波》，不过五千余字，矛盾也很简单：张勋复辟的消息传到了鲁镇附近的村庄，于是由辫子问题引出一场风波。矛盾主要产生在七斤和赵七爷之间，作者却没有沿着这条线一直写下去，而是由七斤嫂加入进来，演变成七斤夫妻间的争吵。争吵中又插进一个八斤嫂来帮腔，引起两个女人的口角。口角未完，又发生六斤挨打的事。这种结构，正如一个圆圈带出一个圆圈，又带出一个圆圈……它也是一种起伏，但不像江河的波浪，而更像池塘中一石击起的涟漪。它也为今天的许多作家所乐于采用。譬如刘富道的《南湖月》，写一家街办厂为生产新产品而寻购锅炉，寻购过程中又引出柯亭与苑霞的爱情故事。锅炉与爱情这两条线既非平行也非交叉，而正是在大环的运行中又走出一个小环……

既然连短篇小说都可饶具起伏之美，中篇小说的施展余地就更大了。它虽不能像长篇那样枝蔓丛生，但在情节主线上毕竟可有若干分支。如果说，它所采用的也是波状线或蛇形线，那么这些分支就宛若大 S 上几个地位平等的小 S、大环中几个相对独立的小环。这种结构及由此造成的起伏，在短篇中是难以见到的。

我在《缜密之美》中曾举到《这里的黎明静悄悄》和《燕儿窝之夜》的结构。其实，从节奏的角度去看，它也颇有特色。《燕儿窝之夜》中，油库女工与洪水的搏斗是小说的矛盾主线。倘不设分支，则随着洪水的逼近、到来，矛盾势必愈演愈烈，情节势必张而不弛。

现在，小说分出笔墨去插叙几位女工的生平与爱情、苦恼与希望以及彼此间的友谊与争吵，笔致相当从容，这样，就于无形中对汹涌急进的情节主流起了缓冲作用，产生了起伏之美。《这里的黎明静悄悄》写的是苏联卫国战争中几名女战士与法西斯德军短兵相接的故事，而以女战士的全部牺牲作结。情节主线不但紧张，而且悲壮。现在，作者于主线之外，一一回写她们战前的生活，使安宁的和平图景与残酷的战斗画面交叉出现，这就自然而然地造成了起伏感。如果我们观看一下根据小说改编的电影，就会发现，“战争”是用黑白胶卷拍摄的，“和平”则带有朦胧而美丽的彩色。不言而喻——导演为加强效果，又调用了色彩的手段。

中篇小说的写法多种多样。上述两部都是没有单一的主人公而以一次事件为矛盾主线的小说。梁晓声的《今夜有暴风雪》也属此种结构，不过他把知青大返城与自然界的暴风雪两根线拧成一股绳，就使情节主干显得格外丰裕多姿。至于把时间压缩在一夜之间从而形成一种紧迫感，又通过对若干人物经历的回首来造成某种起伏方面，其手段与上两部小说是颇为相似的。更多的中篇好像还是喜欢以一个人物为中心，情节主线也不以一次事件为限。譬如《绿化树》即以“我”为主人公，写他在农场一段时间的生活。作品不靠一次事件来形成紧张态势，而以“我”和马樱花的爱情为主线，辅以“我”和海喜子、谢队长、“营业部主任”的关系等几条副线，副线之外还有海喜子和马樱花的关系等虚线。主线、副线、虚线都呈波状向前推进，其节奏之美妙就可以想见了。此外，还有一些作家采用多角度的自述来写中篇。由于每个叙述者都有自己的思维习惯、语言特色，因此形式本身就富于起伏之致。这，我在《辐射之美》中还将谈及。

21 荡逸之美

DANG YI ZHI MEI

比喻总有不足之处。“意识流”一词的发明者威廉·詹姆士说：“意识并不是片段的连接，而是不断流动的。用一条‘河’或者一股‘流水’的比喻来表达它是最自然的了。”（《论内省心理学所忽略的几个问题》）然而意识的流动并不总像滔滔直下的河水，一去不回；而是前后左右，时相交错，回环往复，荡漾不已。所谓意识流写法的魅力一半也在这里。同样描写人物心理，当意识沿着清晰的思路前行时，我们并无异样之感；唯其浮想联翩，过去、现在、将来相错综，意识与潜意识交织一处，我们才感到与传统的写法大异其趣。

且看鲁迅《风波》中的两段心理描写：

> 七斤嫂眼睛好，早望见今天的赵七爷已经不是道士，却变成光滑头皮，乌黑发顶；伊便知道这一定是皇帝坐了龙庭，而且一定须有辫子，而且七斤一定是非常危险。

这里，推理和判断都很清楚，我们读了也无特别之感。

> 辫子呢辫子？丈八蛇矛。一代不如一代！皇帝坐龙庭。破的碗须得上城去钉好。谁能抵挡他？书上一条一条写着。入娘的！……

这是七斤的思维活动。他和七斤嫂想的其实是一回事。只是，赵七爷把他给吓懵了。作者不用合乎逻辑的语言来描述这种恐惧，却把人物的混乱意识直接呈示出来。它显得那样真实，又那样特别，我们读小说至此，顿觉奇趣盎然！

不过，此种手法在《风波》中只能算是牛刀小试，在欧美现代派作品以及近几年我国王蒙等人的作品中才获得广泛运用。《风波》中七斤的思绪颠来倒去，联想并不丰富。而在普鲁斯特、沃尔夫这班意识流先驱的笔下，联想的天地就极为广阔而且自由了。一块小小的点心，可以引起味觉的特殊快感，进而引起视觉的模糊回忆，这回忆由远及近，终于一下子清晰起来……（《忆华年》）墙上的一只蜗牛也可引出无尽的幻觉与联想。蜗牛看去只是一块斑点，于是想象那斑点也许是一只钉子留下的痕迹，由此又想到可能在钉子上挂过的一幅贵妇人肖像，想到那画的主人——以前的一位房客……然而那斑点又似乎不是一个钉子留下的小孔，而是暗黑色的圆形物体，可能是一片夏天残留下来的玫瑰花瓣造成的，于是由此想到自己的不做清洁，想到壁炉上的尘土，想到正是这样的尘土把特洛伊城严严实实地埋了三层；更由此异想天开地假设自己是在同莎士比亚或别的什么人进行着一次谈话，谈的是植物学，谈到尘土堆里开出的花，花籽多半还是查理一世在位时种下的……然而那斑点又似乎并非圆形，它突出在墙上，投下一点淡淡的影子，于是又引起联想，想到平滑的古冢，想到古冢中的白骨，想到古物收藏家，想到那收藏家可能是个退役的上校……（《墙上的斑点》）这样的思绪的确是悠悠忽忽，无边无际，真像清人胡大川诗中所云：“白衣苍狗成千古，意马心猿遍八荒。”记得《后汉书》中有一个词汇：荡逸。我以为，用放荡纵逸来形容上述作品中的自由联想，怕是再贴切不过的了。

荡逸，是否一定很美？未必。就拿上引沃尔夫的名篇《墙上的斑点》来说，联想尽管丰富，魅力并不很大。究其原因，恐怕还是作品中“我”的意识活动缺乏一种生活和性格的依据，显得有点无聊；特别是行文中的“我想……”“我又想……”更给人一种命题作文的幼稚感，好像是为胡思乱想而胡思乱想。所以，作为一位意识流代表作家的第一部意识流作品，它的史料价值或许大于它的美学价值。

然而意识的荡逸，运用得当，确乎很美。二次世界大战以后，独立的意识流派别消失了，其技巧却为许多不同流派、不同倾向的作家所采用，在不同风格的作品中放射光辉。法国“新小说派”代表人物阿兰·罗布一格里耶的长篇小说《橡皮》，写的是一名在政界颇有地位的教授杜邦，因遭恐怖集团行刺，内政部长派密探瓦拉斯前来调查。瓦拉斯不知杜邦未死，只知受杜之托的大商人马尔萨将于当晚前往杜宅取出重要文件，而恐怖分子亦将前往刺杀马尔萨，于是他事先埋伏在杜的书房中。不料马尔萨临阵脱逃，杜邦只得亲自来取文件，结果被瓦拉斯误认为刺客，一枪击毙。这样的情节似与一般侦探小说无异，但因采用意识流技巧，高低雅俗便自不同。作品不像《墙上的斑点》那样为联想而联想，而是让意识与潜意识随时随地出现在人物的行动中，自然而又细腻。我们读它，不会有紧张得透不过气来的感觉，也不会一味关心未来的结局。相反，我们可以从容地观察各个人物的心理，从而产生特殊的审美快感。请看——

> 格利纳蒂蹑手蹑脚地溜进屋去。“要是你把屋门推得太开，铰链就会嘎嘎发响。”他忽然出现一个强烈的愿望：不管怎么样，试试看；开得大一点，稍微大一点，仅仅是为了想知道自己有权利达到什么程度。他能够达到哪个程度呢？只要能达到一个程度，一个突出的程度就行：只要能容许有稍微犯点错误的余地就好啦……但是，他煞住手臂的动作，得规矩点。呆会儿出去的时候再说吧。

格利纳蒂是受指派前去刺杀杜邦教授的刺客。上段引文中，他的清醒意识与潜意识交织在一起。他想起头目的交代，知道门不能推得太开，可是潜意识却鼓动他把门开得大一点。这非常真实，正如我们在悬崖上，会下意识地走向边缘，希望走到一个极限看一看。然而最后清醒意识还是占了上风。这样细微的心理描写不但在侦探小说中绝无仅有，而且在传统的现实主义作品中也极为罕见。这正是《橡皮》的特色所在。

不妨顺便指出的是，《橡皮》之所以写每个人都能写出他意识的流动，呈现出荡逸之美，是因为这些人都很平凡。不论刺客、密探、教授、商人还是咖啡馆老板，身上都毫无英雄气质。格利纳蒂是个形象猥琐、笨手笨脚的凶手。他心惊胆战地跑去行刺，结果仅使对方受了轻伤。瓦拉斯也不是料事如神的侦探，他在调查中多次受挫，甚至被人误指为凶手。他守候在杜家时，神经紧张，心“怦怦地跳动”，最后竟把杜邦打死。然而正因为如此，他们的心理活动才

更接近常人，才使读者感到真实可信，设想自己身临其境，大概也会有同样的心理。倘若凶手换成亚森罗宾，侦探换成福尔摩斯，神则神矣，其真实的意识特别是潜意识，怕就很难表现了。

荡逸之美，常常与时间的飘忽无定联系在一起。以描写人物行为为主的情节性小说中，时间按照过去、现在、未来的顺序依次延伸。它可以有插叙，有倒叙，有回忆，但总是交代得十分清楚；并且在那插叙、倒叙、回忆的段落里，时间也是依次延伸的。然而以描写人物心理为主的作品中，过去、现在、未来却可彼此颠倒，互相渗透。这种手法，运用得不好，支离破碎，不成片段；运用得好，便会产生奇妙的效果。海明威的短篇名作《乞力马扎罗的雪》，在时间的安排上就别具匠心。小说由两股意识流组成，一股是醒时的意识流，一股是睡梦中的意识流。醒时的意识按照正常的时序流动着，从中我们可以清晰地看到一个将死者的情绪的波动：起初“他”对妻子态度很好，为自己伤口发出的臭气感到抱歉；随即变得粗暴起来，同她争吵，伤她的心；然后又归于平静。梦中的意识则完全打破正常时序，把“他”带到早已消逝的岁月，忽而在卡拉加奇遥望雪景，忽而在高厄塔耳山过圣诞节，忽而在君士坦丁堡宿娼……就在时间和地点的不断变换中，我们眼前幻灯般闪现出一幅又一幅“他”以往生涯的生动图画。同时，两股意识流也不是各不相干，而是时相交错，互为补充，现实化入梦境，梦境转为现实。尤其当死亡迫近时，意识更显得扑朔迷离，“他”仿佛正向着乞力马扎罗山飞去，那方形的山巅在阳光中显得那么高耸、宏大，白得令人不可置信……这里，意识的荡逸已同象征之美融为一体了。

《乞力马扎罗的雪》是海明威艺术上最优秀的短篇小说。如果说，有不少意识流作品实际上很难令人卒读，那么，这篇小说全无此病。它是引人入胜的。它之所以引人入胜，首先是因为主人公的意识流，不论现实的还是梦境的，都有生活的依凭，从中可以一眼窥透他的性格和气质。由此也说明，一部好的意识流作品，决不排斥对生活的认识、性格的把握。其次，是海明威对于语言确已达到驾轻就熟的地步。意识流小说中的自由联想和内心独白，最忌生硬和做作；而海明威写来，总是一任思绪飘荡，莫不亲切自然。即以人称而言，他可以随意地在三种人称中跳来跳去，毫无别扭之感。譬如——

> 咱们干什么，都是注定了的，他想。不管你是干什么过活的，这就是你的才能所在。他的一生都是出卖生命力，不管是以这种形式或者那种形式。而当你并不十分钟情的时候，你越是看重金钱。他发现了这一点，但是他决不会写这些了，现在也不会写了。不，他不会了，尽管这是很值得一写的东西。

这里，“咱们”、“他”、“你”都是指的一个人。本来，作品着重写的是“他”——一个作家临死之前的感觉、回想、思索与反省；但若一律用“他”，文字会显得十分呆板，也传达不出意识的游游荡荡。现在，人称一换，便有变化之美，亲切之感。我们好像真的听见了“他”的喃喃自语，窥见了他那回环错综的心的流程。

70年代末期以来，我国部分作家开始运用意识流技巧写心理小说。这些作品并不是对欧美现代派的东施效颦，而是带有鲜明的民族色彩和特定的时代色彩，富于生机和活力，所以一出现就引起文坛瞩目，在文化较高的城市读者中尤受欢迎。探索者中最突出的代

表自然是王蒙。从《布礼》到《相见时难》，形式上有很多创新。在时间结构上，作者认为心灵活动有自身的逻辑，“根据他印象的强弱、深浅，往往强的在前头，弱的在后头，浅的在前头，深的在后头。”（《在探索的道路上》）因此，《布礼》中的时间，整块整块地颠来倒去。从1957年8月，跳到1966年6月，又跳回1949年1月，再跳到1966年6月，然后是1970年3月、1949年1月、1957年—1979年、1950年2月、1957年11月……中间甚至出现了“年代不详”的一节。然而作品并非玩弄时间游戏。须知上述年月在新中国历史上都具有关键意义，在人们心中留下了不可磨灭的印象。主人公的意识在这样的年月中来回游荡，不仅真实，而且正是时代精神的反映。

在处理意识与潜意识的关系上，作品也有独到之处。按照精神分析学派的观点，潜意识是一种本能冲动，它受到意识的压抑，又暗中支配意识，于是西方现代派文学，便常将潜意识与性意识糅合在一起。《布礼》则另辟蹊径。主人公钟亦成作为地下党员，参加过迎接解放的战斗；五七年错划右派后，潜意识中仍是党的忠诚战士。尽管受批判，写检讨，被专政，承认自己“有罪”，内心深处并无改变。特别是动乱年月中，当被“红卫兵”拷打得昏迷不醒时，嘴里吐出的胡话竟是“亲爱的革命小将们”和“致以布礼”！这在有关潜意识的描写中不啻为一大创造。

借鉴西方现代派的写作手法，并不等于取消民族风格和民族气派。手法千变万化，只要是用民族的语言写民族的生活、民族的心理，便自然不失其民族的风貌和色彩。王蒙的《相见时难》，通篇都是意识流，但因语言“京味”十足，反映的又是今日中国人的生活和心理，所以读来便有道地的民族风味。主人公蓝佩玉是侨居国外三十余年的美籍华人，她的思绪免不了在灯红酒绿的芝加哥与古老而又新鲜的北京之间飘荡，然而“根”分明是在北京，在中国。请看这一段——

> “请听广东音乐《雨打芭蕉》。”只一声她就震颤了，不是提琴，不是吉他，不是巴松，不是定音鼓。她已经说不出这些乐器的名称了，然而，她没有忘，她知道它们，她记得它们，她似乎能演奏它们。朴素，清凉，鲜明，秀丽。不是闹翻天的迪斯科，不是热乎乎的摇滚乐，也不是娇声嗲气的除了爱情还是爱情的呻吟挑逗。……她的每一个细胞都和这曲调一起共振，每个细胞里都升起了最隐秘的忧烦和最微小的舒适……
>
> 我的，我的，我的。这芭蕉上的雨滴，每一滴都是我的呀！

这里，有意识，也有潜意识，然而倾向都是一般分明。读了这样的文字，我们心中也会热乎起来，唤起的已经不是等闲的民族感情，而是深沉的炎黄子孙的自豪感了。

意识流小说，倘以法国杜夏丹的《月桂树被砍掉了》(1887年)为滥觞，至今已有近百年历史。它的手法纷杂多端，变幻无穷。本文所谈，只是聊举一隅，像乔依斯、福克纳这样的大家手笔，都还未能涉及。事实是，他们在形式上有许多创造。譬如乔伊斯的名著《尤利西斯》，全书十八章，章章文体不同。或模仿肠胃蠕动的节奏来描写吃饭时的思想流，或以新闻体来暗示胎儿的发育，或以无标点来象征睡意蒙眬的情态……种种手法，波诡云谲。又如福克纳的代表作《喧嚣与愤怒》（一译《喧哗与骚动》），通过多角度的意识流（几个人的内心独白）构成一部长篇，既有荡逸感，又有辐射感。别的作家，也是各有各的神通。所以，意识流小说作为统一的文学流派，也许早已消亡，也许压根没有形成过；但作为一种技巧和手法，它方兴未艾，将继续带给读者以无尽的荡逸之美。

22 怪异之美

GUAI YI ZHI MEI

人的记性真是奇怪：新近上映的电影，看过不久便连片名都浑然忘却；小时听姑外婆说的鬼故事却至今记忆犹新，甚至那“巨历——巨历——”的鬼叫声都还依稀在耳。

姑外婆并不会编故事，她只是一个慈祥有趣的老人，乐于把看过的书讲给小孩儿们听罢了。她看的书也很有限，似乎除了《红楼梦》，便是几本线装的残缺不全的《聊斋志异》。

我那时实在太小，对于“林妹妹”毫无兴趣。倒是那鬼狐故事，对自己有着极大的吸引力，总是怀着又怕又喜欢的心情，一个接一个地听下去。时值冬夜，窗棂在朔风中格格作响，窗内姑外婆在幽暗的灯光下讲着《画皮》、《尸变》、《喷水》……于是小听众们越来越紧地挤作一堆，谁也不敢挨近窗户，好像那“鬼”就站在外面。

长大后，自己开始读《聊斋志异》，恐怖之感自然没有了，却比先前更为喜爱。爱其语言之美，故事之奇。蒲松龄的语言是极富特色的，不但生动，而且洗炼、绮丽、有韵味，读罢余香满口。譬如形容美女，“弱态生娇，秋波流慧”（《青凤》），短短八个字，一个娇小美慧的少女便活现在我们眼前，简直胜过一篇《洛神赋》了。

至于故事之奇，则更不消说的。将近五百篇小说，所述之事不仅不雷同，而且几乎篇篇都有出人意想之处。譬如《瞳人语》，写一个轻薄秀才，专喜跟踪妇女。某次出游时，被一位少妇的丫鬟撒了一把土在眼中，就此变成瞎子。于是深自忏悔，日晚诵经，万缘俱净。故事到此，似乎只是一个“恶有恶报”的平凡构思。但就在这时，意想之外的怪事出现了：

……忽闻左目中小语如蝇，曰:“黑漆似，叵耐杀人!”右目中应云:“可同小遨游，出此闷气。”渐觉两鼻中，蠕蠕作痒，似有物出，离孔而去。久之乃返，复自鼻入眶中……

《聊斋志异》的评家之一冯镇峦，读到“小语如蝇”句，批了四个字：“顿开异境。”这“顿开异境”正是《聊斋志异》的一大特色。好奇之心，人皆有之。奇怪的、不同寻常的事物总是格外能够引起人们的注意。《聊斋志异》问世以来，人们辗转手抄，坊间纷纷刻印，无论名会之区，偏僻之地，“靡不家置一册”(《段序》)。一个重要原因，便在它故事的怪异。就拿《瞳人语》来说，那秀才眼中居然住着两个小人，由于不耐黑暗，又觉得从鼻腔进出“甚非所便”，其中一个便抓破眼翳，瞎子也重新得见天日。这样的故事岂非奇怪透顶?

那么，是否故事越奇，小说就越好，或者说，越具怪异之美呢?

非也。因为，首先，奇可以同美结合，也可以同丑结合。一个人，一件作品，可以美得出奇，也可以丑得出奇。其次，中国文学史上，早在魏晋南北朝时期，就有了荒诞离奇的志怪小说，如干宝的《搜神记》、托名曹丕的《列异传》等等。其中虽不乏精彩之作，但就整体而论，尚处在小说创作的一个初级阶段。人们读小说，如果仅仅满足于猎奇搜异，那审美趣味也是不高的。

《聊斋志异》产生后，曾经获得两种赞誉。一种是把它和《左传》、《史记》相提并论，惋惜作者生不逢时，否则可以成为“一代史局大作手”（《南郇题跋》）。其实这是古人无知，分不清史书与小说的界限，骨子里轻视小说这一文艺体裁。另一种赞誉则把它看成是志怪小说的延续，连蒲松龄自己也说：“才非干宝，雅爱《搜神》。”（《聊斋自志》）然而这也未能道出《聊斋志异》的真正价值。因为作者虽然受到魏晋志怪小说的影响，《聊斋志异》却并非单纯为了罗列种种非现实的离奇怪异的事情。“窃笑古人书，隐怪皆能传。中不寓讽刺，意短情不宣。览者既终卷，浑不知针砭。”（《冯喜廉题辞》）为志怪而志怪，是没有多大价值的。《聊斋志异》的价值，在于它不但寓讽刺，含针砭，时时宣泄着作者对现实的不满和憎恶，而且假鬼狐以言情，处处抒发着作者对理想事物深情的爱。在谈狐说鬼的背后，始终站着一个憎爱分明的自我。如果说，小说史上以反映市民现实生活为主的话本小说的出现，对于志怪小说来说，是一个巨大的进步，那么，《聊斋志异》的出现，绝不意味着小说史的倒退，而是一次否定之否定。它一扫“三言”“二拍”的世俗气，把怪异之美突现到一个从未曾有的高度。

难道不是这样吗？试看小说中那些涉及科考的作品，哪一篇不喷发着作者的不平和悲愤？“三言”“二拍”对于落难公子中状元一类事是津津乐道的，仅此一例，就比蒲松龄差得远。《聊斋志异》写科考，表面看去荒诞不经，内面揭示的却是残酷的真实。譬如《司文郎》，写一个瞽僧，别人焚烧文章，他能用鼻子嗅出好坏来。诚笃好学的王平子与浅薄狂妄的余杭生同来向他请教。王先焚稿。瞽僧每嗅一作，都点头说：“君初法大家，虽未逼真，亦近似矣。”并认为

王可以考中。轮到余杭生焚稿时，僧嗅其余灰，咳逆数声，说:“勿再投矣!格格而不能下……再焚，则作恶矣!”故事并未到此结束。意料之外的情节出现了：余杭生高中，王平子落榜。瞽僧听说后，叹道:“仆虽盲于目，而不盲于鼻；帘中人并鼻盲矣!”当余杭生得意扬扬地跑来责问时，他又说:“我所论者文耳，不谋与君论命。”这是多么沉痛的话!蒲松龄曾深受科举之害，对其中弊端有切肤之痛，所以瞽僧所言实际上正是他自己的心声。

在这样的作品中，怪异之美所给予人的就不仅仅是好奇心的满足，而且是对现实的认识与思索了。

20世纪初至30年代，欧美一些国家盛行过表现主义文艺流派。其在小说领域的代表是奥地利的卡夫卡。对于这位作家，很难用三言两语作出概括性的评价。但有一点很明显：他那几篇代表作，包括《变形记》、《地洞》、《城堡》等，风格是十分怪异的。与蒲松龄不同的是：蒲的小说，情节怪诞，细节往往也怪诞；而卡夫卡的小说，情节怪诞，细节却颇真实。譬如蒲的《瞳人语》，眼中住着两个小人这一基本情节是怪诞的，小人如何能从鼻子上下来，跑去园中又跑回，其细节也都神秘莫测。《变形记》中，人变大甲虫这一基本情节是怪诞的；但变成甲虫后，他的声音、动作、口味的变化，写来细节都很真实。

为什么作者要采用这种风格呢？我们知道，表现主义作品常常运用象征手法。人变大甲虫也是一个很好的象征，说明像主人公萨姆沙这样的小小推销员，在生活的重压下实际上处于一种可怜虫的地位。有了这个前提，作者把甲虫的动作、习性写得越逼真，他笔下的形象就越让人同情。在蒲松龄那里，人变虫子后，可以有超人的本领。譬如《促织》中那由成子身化的蟋蟀，便有出奇的本事，甚至斗赢公鸡，以此来帮助父亲。卡夫卡绝无此种理想精神。在他笔下，甲虫就是甲虫，尽管他对父母妹妹仍然充满温情和责任感，改变了的形体却不允许他再为亲人们做任何事情，相反成了家庭的拖累。他只有一个选择，就是死亡，以自身的寂灭来恢复家庭的宁静与欢乐。这是多么凄苦的悲剧啊!

整篇《变形记》中弥漫着的就是这种凄苦的调子。也许是细节太真实了吧，我有时读着，几乎忘了前提的怪诞，情不自禁地同情起眼前这只甲虫来。你看，他对公司秘书主任说的那番话是多么感人肺腑：

> ……人总有暂时不能胜任工作的时候，不过这时正需要想起他过去的成绩，而且还要想到以后他又恢复了工作能力的时候，他一定会干得更勤恳更用心。我一心想忠诚地为老板做事，这您也很清楚。何况，我还要供养我的父母和妹妹。我现在景况十分困难，不过我会重新挣脱出来的。请您千万不要火上加油。在公司里请一定帮我说几句好话……

在卡夫卡所处的社会中，公司小职员地位低下，生活朝不保夕。这里，从甲虫嘴里吐出的正是一个遭到不幸打击的小职员心中的话。所以，《变形记》的风格虽与《聊斋志异》迥别，却同样说明，怪诞的构思只有与现实相连，才能于怪中见美，于怪中含情，才能深深打动人心。

怪异，并不意味着一定要让鬼狐出现，或一定要让人变成甲虫之类。神秘的气氛、荒诞的逻辑……都可给作品带来怪异之美。

谈起神秘的气氛，我就不由想起艾米莉·勃朗特，想起她那赫赫有名的《呼啸山庄》。19世纪三四十年代，当勃朗特三姊妹漫步于家乡约克郡野外时，艾米莉好像是特别受到了旷野气氛的感染，以致后来当她们各自写出一本书时，她也把这种气氛带进书中，使小说呈现出一派非常怪异的色彩。

气氛，通常决定于情节和场景。《呼啸山庄》情节之奇特，在英国先前的小说中还从未出现过。它描写一个名叫希刺克厉夫的弃儿，因为受到虐待，爱情上又遭到挫折，愤而出走。若干年后，他回到呼啸山庄，对虐待者和当初的情敌施行报复。报复的手段十分残暴，对象扩及对方的后代和亲属。作者采用倒叙手法，一开始就把一幅人与人互相仇恨的冷酷图景展现出来。它使小说中那个来自另一生活圈子的“我”目瞪口呆，也使读者一下子就呼吸到阴沉惨淡的蛮荒空气。

这个山庄的人是多么反常：当一位友好的房客彬彬有礼地前来拜访时，他们不表欢迎。客人被狗群围攻，他们竟哈哈大笑。即便主人是苗条纤丽的寡媳，那态度之无情也与她的美貌绝不相称。当大雪覆盖了道路，“我”向她请教回家的路标时，她的回答是：“顺你来的路走回去好啦！”那么，要是“我”因此而死在泥沼或雪坑里，她的良心是否也会稍感不安呢？请听她的回答：“怎么会呢？我又不能送你走……”能用如此平静的口气说出一种见死不救的逻辑，的确令人惊异。不仅如此，山庄内部的成员也是彼此视同寇仇，吵骂、诅咒不绝于耳。再加上客人当晚所住的神秘的房间，所做的奇怪的噩梦，使我们开卷不久就感到自己处在一种从未经历过的怪异的氛围中。

当然，仅仅气氛怪异，不一定能引起美感。《呼啸山庄》之所以美，是因为在希刺克厉夫的残忍背后，充盈着他对凯瑟琳的至死不渝的爱。因为爱得深挚，所以恨得暴烈。我们无意赞同作者的人生哲学，但是我们不能不承认，希刺克厉夫和凯瑟琳的爱情自有其动人的魅力。请听凯瑟琳的自白：

> ……在这个世界上，我的最大的悲痛就是希刺克厉夫的悲痛……在我的生活中，他是我思想的中心。如果别的一切都毁灭了，而他还留下来，我就能继续活下去；如果别的一切都留下来，而他给消灭了，这个世界对于我将成为一个极陌生的地方……我对林惇的爱像是树林中的叶子……我对希刺克厉夫的爱恰似下面的恒久不变的岩石，虽然看起来它给你的愉快并不多，可是这点愉快却是必需的。

这独白是多么赤诚炽烈！相形之下，“我”所经历的那种畏畏缩缩的恋爱是多么苍白和不值得同情啊！难怪英国作家毛姆通过《大西洋》杂志介绍十部世界最佳小说时这样介绍《呼啸山庄》：“我不知道还有哪一部小说其中爱情的痛苦、迷恋、残酷、执著，曾经如此令人吃惊地描述出来。”他又说，这小说使他想起格里科的一幅画，画上是一片乌云和昏暗荒瘠的土地，雷声隆隆，拖长了的憔悴的人影东倒西歪，“铅色的天空掠过一道闪电，给这情景加上最后一笔，增添了神秘的恐怖之感。”我以为，毛姆的赞叹和联想对《呼啸山庄》的怪异之美都是很好的说明。

非理性、逻辑荒诞是现代派文学的特点之一，它给作品带来的风格也是怪异的。从荒诞派戏剧到黑色幽默，都不乏怪异的色彩。

譬如尤奈斯库的独幕话剧《秃头歌女》中，一个老头和一个老太坐在一起谈了半天话后，才终于发现他们不但住在一幢楼中，而且还是睡在一张床上的夫妻，似乎还生过一个女儿。这的确荒诞，而其怪异的特色也正从这荒诞的剧情中滋生出来。又如黑色幽默派的名著《第二十二条军规》中，那凌驾一切之上的莫须有的“军规”也是极端荒谬的。根据“第二十二条军规”，精神失常的飞行员，只要本人提出申请，便可立即遣送回国；同时它又规定，凡能提出申请者则证明他的精神很正常……这是一部轰动欧美文坛的小说，在美国印销已达八百余万册，“第二十二条军规”也成了无人不晓的词汇，被收入词典之中。其所以能有这般影响，我想是因为在它的荒诞背后，隐喻着某种生活的真理。也就是说，在正常人看去纯属畸形的事物，在畸形的世界里却是正常的现实。小说中那深深的厌战情绪和对社会的绝望的讽刺在70年代的美国读者中实际上很能引起共鸣。同样，被《秃头歌女》大大夸张了的夫妻关系不也从本质上反映了西方社会中人与人之间的冷漠与隔绝吗？当然，这类作品中有不少是难以引起美感的，作者本身恐怕也并不把美作为一种追求目标。唯其如此，本文也就不把它列为评介的重点了。

23 辐射之美

FU SHE ZHI MEI

任何作者，当正式进入创作过程时，遇到的第一个问题，是叙述角度问题。角度未定，小说无从下笔。

角度通常有两种：第一人称和第三人称。也有用第二人称的，但成功之作不多。茨威格的《一个陌生女人的来信》，柔情缱绻，感人至深，可算运用第二人称较杰出的例子。不过写来“你”“我”交错，第一人称的色彩还是很重。

第一人称与第三人称，孰优孰劣？这问题好难回答。可以回答的是：两者各有特色。举例来说，有人要写北京的一座四合院。一种写法是，作者本身变成四合院中的一位居民。他在那里生活，也观察别人的生活。他向人们叙述时，采用“我”的角度，“我”的口吻，一切从“我”的眼光看出去，一切都是“我”的感受，一切皆着“我”之色彩，展现的是一片有“我”之境，因此，感染力往往很强。缺点是，“我”不在场时发生的事，便只能全凭臆测，或通过他人对“我”的叙述来反映。碰到要写别的居民复杂的心理活动，尤觉难办。

另一种写法是，作者并不住在四合院中，但非常熟悉这里的生活。他站在一个看不见的地方，向我们细加描述。他的目光可以进入每个房间，窥探到每个人的心里。他不受什么限制。但在主观感受方面，他往往不如“我”那般直接和强烈。

两种写法都产生过伟大、优秀的作品。如果说，在人物纷繁、头绪万端的长篇创作中，第三人称远比第一人称舒卷自如；那么，在自传体、日记体、书信体小说的领域里，却始终是第一人称独步的天下。试想，高尔基的《童年》、《在人间》、《我的大学》，歌德的《少年维特之烦恼》，乃至茅盾的《腐蚀》，倘若改用第三人称，何能有现在这般魅力？

那么，可否发明一种写法，将第一人称与第三人称的长处结合起来，变成一种多棱镜，使之既能反映广阔复杂的生活，又能带有亲切强烈的主观色彩呢？譬如，作家既是四合院的某一居民，又是某个神秘的旁观者，有时成为“我”，有时变成“他”，一身而二任焉。或者，干脆以“分身术”化为院中的所有居民。只是，他时而以甲的身份出来自叙，时而又以乙、丙、丁的身份出来说话。他分明代表许多人，却又永远以“我”自居……

这种写法已经发明了，那便是多角度的表现方法，首创者为拉丁美洲的“结构现实主义”派，现在则已为许多国家包括我国的一些小说家所接受。

我曾请教戴厚英，多角度的写法好在哪里？美在何处？她回信说：“我也说不上多角度地描写生活算得上什么美。我只觉得这种表现方法像光的辐射。如果把生活比太阳，生活中的一个个人物、一双双眼睛便可比做它所辐射出来的光线。从不同的角度去剖析和表现生活，有立体感、真实感，又有变化之美、多样之美。可否叫‘辐射之美’呢？不敢说了。”

我原来想过一个题目：《多棱之美》。但是我欣赏戴厚英的表现方法，又觉得她的体会颇有道理，本篇便采用她所建议的题目了。

1978年，美国出现一部畅销书，改成电视片后，欧洲国家纷纷转播，收视率达到最高纪录。这便是杰拉德·格林的《大屠杀》。小说中有两个"我"：一个是犹太人鲁迪·魏斯；另一个是德国党卫军少校埃里克·多尔夫。前者的父母兄妹和叔叔都被纳粹屠杀了。他幸存下来，现在以一个亲历者的身份回叙往事，不但一切历历如绘，而且字里行间浸透泪水。

小说开场就很不凡。它分明要渲染法西斯统治的恐怖，却偏偏从喜庆的场面写起：就在德国纳粹加紧迫害犹太人的日子里，魏斯的哥哥卡尔结婚了。女方并非犹太人。于是，在双方亲友的碰杯声中，我们明显地听到了法西斯匪徒的磨刀声。参加婚礼的人愈是希望气氛愉快，我们愈是感到阴霾沉沉的恐怖。老人们照例祝愿一对新人美满恩爱，白头偕老，但在我们听来既像可怜的梦呓，又像无心的讽刺。

其所以有这样的效果，得力于第一人称的描写。"我"参加了哥哥的婚礼，现在又以劫后余生追想当时，那些含有"预兆"性的对话和插曲便格外突现出来。它多年来一直印在"我"的脑际，现在自然也给读者以特深的印象。譬如老外公和穆勒的对话，穆勒那副皮笑肉不笑地把嘴往两边拉长一下的"笑脸"，都令人过目难忘。事实上，就在"我"的第三篇自述中，倔犟的老外公就被穆勒一伙拖去游街了。

本来，魏斯的自述已经构成一部独立的小说。但是，为了给悲剧提供更广阔的历史背景，并用法西斯的冷酷、残忍、疯狂来衬托魏斯一家的不幸，作者又创造了第二个"我"——埃里克·多尔夫。

这个纳粹少校的日记被交错地插放在魏斯的自述中。于是，每逢魏斯一家发生新的不幸，我们马上可从多尔夫的日记中了解历史内幕。而每逢纳粹想出什么迫害犹太人的新点子，我们接着又可从魏斯的自述中看到这些新点子如何把他们进一步逼向苦难的深渊。在叙述风格上，两个“我”也形成鲜明对照。本来，生活中的每个人都有自己独特的性格、独特的语言习惯和独特的思维方式。第一人称和第三人称小说中，只有一个叙述人，语言风格比较容易把握。而多角度的写法，既要写出每个人的叙述特色，又要保持整体风格的统一，就谈何容易了。《大屠杀》中，魏斯和多尔夫站在敌对的立场上，对一切问题的看法都截然相反，个人的气质与性格也毫无共同之处。然而，我们读来并未感到不调和，相反，我们在两个“我”的言行与思维中，看到善良与凶残、美丽与丑恶、勇敢与虚怯、人性与兽性……的强烈对比，从而体验到一种奇特的起伏感。

多角度的写法有时也会碰到难题，使读者不得不在第一人称中插进第三人称。譬如《大屠杀》中，由于“我”很早就逃亡了，因此写到父母兄嫂后来的遭遇时，“我”不得不采用第三人称，声明这些情况是由别人提供的。尽管作者对这种写法也极熟练，但从结构来说毕竟稍欠严谨。

改革开放后，我国也出现不少多角度写法的小说。长篇最著名的是戴厚英的《人啊，人!》，中篇则有赵振开的《波动》、张辛欣的《在同一地平线上》、汪浙成、温小钰的《土壤》，等等。怕是初次尝试之故吧，这些作品在赋予每个“我”以特殊的语言和思维方式方面似嫌稚嫩，但在结构上却大都比较讲究，给人的感觉是在这方面下了更多的工夫。譬如《土壤》，共分十九节，除头尾两节采用第三人称的写法外，中间十七节全部采用第一人称。小说中有三个“我”:

魏大雄、黎珍、辛启明。三人的自述交错排列，魏大雄五篇，后二人各六篇。这就使全书结构显得十分匀称和整齐。头尾两节的第三人称也不像《大屠杀》那样出于无可奈何，而是一种精心设计。因为即使去掉头尾，小说也是完整的。安排一个第三人称的开头，让三个“我”站在春天的大漠之中，自有一种雕塑的效果。随后，这“雕塑”活了起来。三个人开始按照各自的性格去思考、去行动。第三人称不见了。每个人都以“我”的身份出来说话。我们不时循着他的足迹前进，不时又随着她的思路飞翔。我们身不由主地卷进一场斗争之中，听他们倾诉心曲，摆出各自的道理。是非美丑日益昭然。于是，当故事终了之时，三个人再次出现在黎明前的沙原下。从北京来的黎珍留了下来，经过二十年的风雨忧患，同当年的恋人辛启明重新拥抱在一起。而原来的场长魏大雄却匆匆离开这里，去继续走他步步高升的道路。这已不是静止的雕塑，而是一幅分道扬镳的图画了。

《大屠杀》中，多尔夫的日记是作为一种背景出现的。小说的主线始终是魏斯一家的遭遇。而《土壤》中，三个“我”却具有平等的地位。他们好似几何中的长、宽、高，共同组成一个三维空间，缺一不可。在对1959年的历史回顾中，没有辛的自述，就失去了悲剧主人公；没有魏的自述，我们会像辛一般茫然，不知运动为什么一定要整到自己头上；没有黎的自述，我们对辛的突然认“错”将难以理解。三个“我”恰好代表那场运动的“打击对象”、“依靠对象”和“团结对象”，来自三个角度的自述使我们对运动产生了鲜明的立体感。

同时，由于自述是以倒叙的方式开始的，这就把过去和现在紧紧地纽结在一起。站在今天，回首以往，中间隔着二十年的人事悲

欢，每个人的自述都不能不带有浓厚的感情色彩。特别是黎珍和辛启明，那自述简直充满抒情散文的气息——

这塞外边疆辽阔的土地，从沙漠中穿流而过的条条清渠……在这样的土地上挥汗如雨地劳动……这一切熟悉得让人心疼，明朗得像孩提时代的梦境。怎么不是梦呢？它曾千百次地出现在我青年时代的梦想里。可是万万没想到，在二十年后我才目睹了自己向往的这一切，在二十年后，我才又重新见到了他！

他是多么冷淡，多么克制！……

这是黎珍的开场白。

她在想什么呢？为什么不说话？莫非我的沉默被她误解为责备和怨恨？啊，黎珍，原谅我，我不说话是因为这几年我已习惯于沉默，我已变得不会说话，不善于表达……见到你我是多么意外，多么满足，甚至幸福……

这是辛启明的开场白。

读过莎士比亚剧作的人，可能会由这样的自述联想到剧本中的一些独白，因为它太富于诗意了。本来，小说的语言并不需要像诗那样一唱三叹，甚至也不需要像散文那么抒情。然而我却欣赏这里的两段开场。对于分别了二十年的一对恋人来说，唯有用这深情的咏叹才能真实地传达出彼此内心骤起的波涛，客观冷静的叙述很难达到这种效果。由此也见出多角度自述的一大长处，就是能直抒胸臆，把各人心中满溢的情感充分宣泄出来。

多角度的写法其实可以有种种。《大屠杀》和《土壤》都是以第一人称为主，间或使用第三人称。然而，也可有另一种写法，即以第三人称为主，偶尔插进第一人称，它好像是一个陪衬，一种点缀，却同样赋予作品以辐射之美。譬如赫尔曼·沃克的《战争风云》和《战争与回忆》，在第三人称的描写中，时而整章整章地插入所谓德国战犯冯·隆将军的回忆录，这个点缀就颇成功。因为，虽然作者以亨利上校一家的活动穿针引线，每逢某地发生重大事件，往往有其家人在场；但是，这只能增加故事的真切感，而不足以鸟瞰事件的背景和全局。现在，虚构出一位战犯的狱中回忆，便弥补了这一不足。每逢一个重大战役发生，小说便插进一段回忆。这回忆恰好是对该战役战略和政治背景的说明。接着，我们又看到亨利家的某一成员在这一战役中的遭遇。于是，从整体到细部，从抽象到具体，我们对战争的了解便十分全面了。当然，冯·隆是个战犯，他的回忆不管多么心平气和，都不免带有偏见；因此作者又往往在文末加上一个“英译者按”，对此加以批评。这一切都虚构得煞有介事，以致某些粗心的读者竟信以为真了。

《战争与回忆》中，还有一个点缀，即埃伦·杰斯特罗的手稿：《一个犹太人的旅程》。这个手笔也很高明。因为一部以二次世界大战为题材的长篇小说，如果缺了犹太人，就不足以展示历史的全貌。而要写犹太人备受迫害的生活，特别是要写他们在那种遭遇中的精神生活，第三人称怎么也不如第一人称直接。这是《大屠杀》之所以采用魏斯自述的原因，同样也是《战争与回忆》加进杰斯特罗手稿的原因。只是，后者的年龄、身份、学问、修养……与前者完全不同；因此，通过他——一位著名犹太学者的“笔”来描写自

已遭受迫害的“旅程”，其风格也就大异了。

运用多角度写法最娴熟、最富创新精神的也许是当代秘鲁著名作家巴尔加斯·略萨。他的作品，不仅有多角度的独白，而且有多镜头的对话。譬如被称为“结构现实主义”经典之作的《潘达雷昂和女客服务队》中，有几章完全由对话构成。奇特的是，对话的人时刻都在变换，对话的地点也时刻都在转移。分明是潘家的婆婆在向儿媳询问鱼汤好不好吃，突然插进“巴西女郎”与潘达雷昂的两句对话，谈的是“女客服务队”新成员的发色和味道，接着再由儿媳来回答婆婆刚刚提出的问题。这样快速地变换镜头，显然是吸收了现代电影的一些手法。只是，电影在诉诸听觉的同时，也诉诸视觉。镜头瞬息而变，观众不会弄错。而小说是语言艺术，这就更见出作者的功力：他必须牢牢把握人物的性格和语气，才能使读者跟上他快速转换的步履，不致张冠李戴。

略萨的一部更奇特的作品是《胡利娅姨妈与作家》。这部小说，顺着单数章（一、三、五、七……）读，展现的是一幅作家青年时期的生活图画，画中的主角是他和他舅妈的妹妹胡利娅。爱情本是既陈腐又新鲜的主题，而略萨与胡利娅之间的恋爱以其年龄的悬殊和感情的炽热，给予读者更多的是新鲜的美的享受。然而小说的奇特之处并不在此，而在它的二、四、六、八……章。双数章提供的是一个又一个与长篇毫不相关的短篇故事。由于作者在长篇中还平行地描写了广播剧作家卡玛乔的兴衰史，这一系列短篇实际上便是卡玛乔的作品。（这一点也是看到后来才明白的。）而故事的越来越混乱、荒谬，正反映了卡玛乔精神错乱的过程。像这样长篇与短篇交错排列、第一人称的自传体与第三人称的荒诞故事交替出现的结构，恐怕在小说史上还是首次出现。

略萨的尝试是不是为新奇而新奇呢？我想，文学应当追求新奇；但真正为读者所接受、为其他作家所佩服的新奇必然有其新奇之理。辐射之美的最大优点是给人以立体感。而《潘达雷昂和女客服务队》中那种对话处理不仅有高度的立体感，而且大大俭省了篇幅。它颇像中国绘画中的散点透视，让观者同时看到几个不同地点，看到那里正在发生的事。至于《胡利娅姨妈与作家》这种奇特的结构，在造成作品的立体感方面也有其独特的功效。借用该书译者的话来说："双数各章的短篇故事是一幅幅社会风俗画，将它们连贯起来看，便构成一个多层次的社会舞台。而长篇故事中的主人翁就是在这个舞台上表演出一幕幕绘声绘色动人心弦的活剧的。"

24 超拔之美

CHAO BA ZHI MEI

超凡拔俗，有两种表现。

一种是沿着同一条山道攀登，而斯人步履独健，于是创造出新的高度，人皆叹为观止。

一种是离开众所惯行的山道，另走一条奇特的路，不管暂时是否攀得很高，人也因其新异而刮目相看。

小说发展，一般认为经历过三个阶段：讲述故事为主的阶段，刻画人物为主的阶段，表现内心为主的阶段。每个阶段都有其发轫作品和高峰作品。前者异径独辟，后者炉火纯青，两者均给人以超拔之感。

我国小说史上，《三国演义》、《水浒传》因把讲述故事的技巧发挥到了极致而成为第一阶段巍然并峙的双峰。特别是《水浒传》，对李逵、林冲等若干性格的刻画已带有第二阶段的萌芽色彩。之后，尽管同类小说层出不穷，甚至直到今天还余波荡漾，余音不绝，尽管古典通俗小说的艺术遗产永远值得后世借鉴，但故事性小说作为小说发展的一个阶段已经成为过去，后来的作品也没有一部能与《三国演义》、《水浒传》匹敌。

第二阶段的情形比较复杂。在长篇领域，刻画人物为主的写法，至今仍为多数作者所乐于采用。尽管国外早就有了表现内心为主的名作，而我国似乎只有戴厚英的《人啊，人!》较为接近这类写法，她的另一部长篇《诗人之死》则依然恪守传统。所以出现这种状况，我想是因为——

一、与欧美各大国相比，我国现代长篇小说产生较晚（大约发萌于 20 世纪 20 年代），至今尚未出现艺术高峰。《红楼梦》是章回小说中以刻画人物为主的辉煌巨著，但是广陵绝响，如何将其艺术借鉴到现代长篇中，还有待探索。因此对于我国作家来说，创造以塑造人物为主的长篇，仍然是一片异常空阔的、值得驰骋的场地。

二、国外以表现内心为主的长篇名著，许多尚未译介过来。已经译成中文的如《喧嚣与愤怒》、《奇境》等，则其魅力非但不能与托尔斯泰等巨匠的代表作品相比，甚至也比不上一般以刻画性格为主的小说。这就使我国作家在借鉴时不能不大费踌躇。

三、拉丁美洲的结构现实主义和魔幻现实主义作品颇受我国读者欢迎。原因之一，就在于它没有全然表现内心，而是将表现与再现、心理展示与性格展示相结合，使读者于观察心理流程的同时也看到栩栩如生的人物形象。譬如结构现实主义作品《胡利娅姨妈与作家》，便是以单数章描写性格，双数章表现内心，从而产生了非常奇妙的效果。又如魔幻现实主义作品《百年孤独》，也是将现实与幻想、直叙与讽喻、写实与夸张相结合。在马孔多镇的百年兴衰中，始终有不少性格鲜明逼真的人物活跃其间。

展望我国长篇小说，在沿着塑造人物性格的道路前进的同时，一定会有一批作家把目光更多地转向人物的内心世界。但是受到读者审美习惯的制约，多数人大概不会去写类似《喧嚣与愤怒》那样纯用意识流的长篇，而宁愿效法拉美作家，走一条“折中”的道路。当然，照搬别人没有出息。拉美当代文学取得举世瞩目的成就，是因为熔西班牙传统文学、西方现代文学以及印第安神话于一炉。我国长篇小说要取得突破，看来也应当既善于吸收世界文学的先进成果，又善于继承传统文学的优秀遗产，并且善于将两者有机结合，锻造出自己独特的“合金钢”艺术。

如果说，对于长篇小说的超拔，暂时还只能展望、憧憬一番；那么中短篇领域对于新奇风格的尝试，已有“山阴道上应接不暇”之感。出现这种异花竞放的局面，自有其客观原因——

一、我国以刻画人物为主的中短篇小说，在半个多世纪的发展史上，已屡次出现高峰作品。“四人帮”粉碎以来，优秀作品更是不断问世。“满眼生机转化钧，天工人巧日争新。”作家们为避免艺术上的雷同与重复，取得新的突破，必然要寻求各种各样的表现方法。

二、表现内心为主的中短篇小说，并不始于今日。《狂人日记》是新文学的开山之作，也是现代文学史上的第一部心理小说。稍后的创造社，亦曾拿出多部表现内心和潜意识的作品。至于以刘呐鸥、施蛰存、穆时英等为代表的新感觉派小说，更以擅写主观感觉和潜意识为主要特色。所以，对于当代作家来说，如何既深广又直接地展现人物内心，实际上有不少前驱可资借镜。

三、篇幅的大小、创作时间的长短，决定了中短篇小说比长篇小说较易进行艺术上的探新。

近年来中短篇创作探索之积极，色彩之缤纷，都是前所未有的。所有的探索都有一个共同的追求，就是希望通过一条独特而新异的路径，达到超拔的境界。一般说来，这些作品对人物内心世界的展示、主观感受的描写，都较以往小说有所突破。具体表现为情节的进一步淡化、结构的进一步讲究、荒诞手法的进一步运用、象征意蕴的进一步加强。所以要说“进一步”，因为超拔是个相对的概念，超拔之美是在比较中产生的。

我在《氤氲之美》中，曾以《北方的河》、《我的遥远的清平湾》为例，谈到小说的音乐化倾向。小说为什么要趋向音乐？因为音乐是最情感的艺术。“在音乐中，外在的客观性消失了，作品与欣赏者的分离（在其他艺术中还有这种对峙）也消失了。音乐作品于是透入人心与主体合而为一。”（黑格尔《美学》三卷上册）文学不可能与音乐产生同样效果，却可以通过削弱情节因素，加浓感情色彩来尽量接近音乐。文学体裁中，诗歌最接近音乐，散文次之，小说又次之。所以当小说具有诗化、散文化倾向时，也就向音乐靠拢了一步。

《北方的河》、《我的遥远的清平湾》都具有诗化、散文化倾向，但其中毕竟还活动着一些有名有姓有个性的人物。到了阿城的《遍地风流》，干脆连姓名都不要了。人物剩下一个最简单的身份：骑手、首领；或仅仅只有性别与肥瘦之分：女子、肥汉。动物更无独特的个性，只是牛们，马们，“不例外都是一路屎尿，皮肉疯了一样抖”。显然，作者的追求不在塑造特殊的血肉饱满的性格，而在表现一种特殊的生活情调，表现作者对于生活的特殊感受。当作品有着特定的人物时，情节尽管淡化，总还依稀可辨。《北方的河》、《我的遥远的清平湾》以及《哦，香雪》等便都具有虽不完整却还清晰的情节。《遍地风流》才真是什么情节都没有了。情节是性格的历史。没有性格，何来情节？然而它却更向音乐靠拢了。试想我们听一首乐曲，难道能说出什么性格、情节来？不可能。但是我们能感受到一种特定的生活情调和气氛。《遍地风流》剪取的是我国少数民族地

区几个极短极短的生活画面。掠影式的描写。人物的面目都不甚清楚，却自有一股原始的犷悍的气息向你扑来。

也许有人会问：既然《遍地风流》与一般小说是如此不同，为什么不归入散文一类呢？问得很好。文学体裁的划分并不永远都像刀切一般分明，而那介乎两种体裁之间的作品常常会带来别开生面的效果。譬如王勃的《滕王阁诗》，其用韵的方式和第三联的不讲对仗都像一首古诗；而句中的平仄和第二联的对仗又都近于律诗。正是这种非古非律、“似花还似非花”的特色产生了通常律诗和古诗所没有的效果。《遍地风流》归入散文，在我看来本无不可，而且会是一组颇具特色的散文；但归入小说，更有骇世惊俗的力量，使人见之骤吃一惊：小说还有这种写法！——这已属于读者心理学探讨的课题了。

自从结构现实主义介绍到中国，多角度自叙已为不少作家所乐于采用。(参见《辐射之美》) 但该流派的手法不限于多角度一种，常见的还有“公文佐证法”、“零件组合法”、“通管法”等，目的都是为了追求一种立体效果。现在我国作家也越来越讲究作品的立体感。王安忆的《小鲍庄》反映的是典型的中国农村生活，给人的感觉却与以往同类题材的作品大不一样，就因为手法较新，富于立体效果。它的结构颇有“零件组合”的意味。所谓“零件组合”，在立体派绘画中，是指把完整的物体分解成若干几何形状，再重叠、拼合到一个画面上，于是形象变得非常奇特。对结构现实主义作家来说，“零件组合”是指不以人物而以社会为描写对象。人物只是组成社会的零件。小说“叙述的是一群人物的故事而不是一个人物的故事”(略萨语)，所以也没有主人公。

翻开《小鲍庄》，我们找不到主人公，见到的只是农村中极普通的芸芸众生。众生之间，有的互有联系，有的漠不相关。有人正面对着你，有人只露一个侧影。作者要表现的不是一个两个人物的性格和命运，而是由一群人组成的小鲍庄社会。我们读后，也说不出有哪个人物性格特别丰满鲜明。无论捞渣、鲍彦荣、拾来、鲍仁文、小翠、文化子，笔墨深浅都差不多。然而小鲍庄作为一种整体形象却在我们脑中留下了难以磨灭的印象。

荒诞手法，我国作家一向尝试不多。张贤亮的《男人的一半是女人》，让马开口讲了几句话，由于同整篇小说的风格不谐调，读来反有夹生之感。在这一领域首先作出了成功试验的是刘索拉的《你别无选择》。作品反映当代音乐学院作曲系的学生生活，写人叙事，表情状物，都极为夸张。比起一些外行作家写的酸溜溜的音乐题材作品来，我倒更愿意读它，因为作者熟悉生活。她像漫画家一般抓住对象的主要特征，加以变形和放大，虽然滑稽，却不失其真实。她写人，常常一语中的。譬如——

> “西方现代化哲学的思维是非客观与主观形式的相交。”董客老爱说这种驴头不对马嘴的话，他一张嘴就让人后悔来找他，“和声变体功能对位的转换法则应用于……”

又如——

> 石白是个心跳本不剧烈但每天去追求剧烈心跳的天才。

语近刻薄，然而准确，使人想见作者的机智。她还把西方现代小说中的无标点语句借鉴过来，放到董客莫名其妙的发言中，不但谐趣横生，而且极为传神。

作品洋溢着现代气息的幽默。可贵的是，幽默背后，仍有严肃的追求。作者说:“我只是为了让人们知道真正的作曲是怎么回事，它是一种艰苦而高尚的创作。”(《“创作谈”》) 的确，小说中的每个学生，不论各有怎样可笑的缺点，都为学业付出了艰苦的劳动。摆在他们面前的课题，也同今天摆在许多作家面前的课题一样，是如何突破和超拔。作者通过对森森、孟野所作乐曲的赞美，已表明自己的倾向。——一个在小说领域勇于创新的人，对音乐创作抱有同样见解，实在是再自然不过了。

当一个作家不满足于对现象世界的摹写，而希望对事物的本质有所暗示时，常用的手法是象征。由于象征容易造成朦胧与模糊，以往小说往往只在关键之处使用一二。譬如人所熟知的鲁迅的《药》，便是在结尾处让烈士夏瑜的坟上出现一个花环，从而给作品增添了一抹亮色。近年来随着小说观念的更新，人们觉得生活本身就带有朦胧性与模糊性，小说也不妨具有朦胧美与模糊美，于是象征手法被更广泛地使用，一些作品的象征意蕴明显地增强了。莫言的《透明的红萝卜》，反映动乱年代的农村生活。所谓“红萝卜”与小说情节并无太多关系，倒是给作品蒙上了一层迷离惝悦的色彩，然而这正是作者的追求所在。他“觉得应该把这些色彩表达出来，把那段生活写得带点神秘色彩、虚幻色彩”。(《有追求才有特色》) 于是他不仅把“透明的红萝卜”作为标题，而且不惜笔墨对它作了尽情的描绘——

……红萝卜的形状和大小都像一个大个阳梨，还拖着一条长尾巴，尾巴上的根根须须像金色的羊毛。红萝卜晶

> 莹透明，玲珑剔透。透明的、金色的外壳里苞孕着活泼的银色液体。红萝卜的线条流畅优美，从美丽的弧线上泛出一圈金色的光芒。光芒有长有短，长的如麦芒，短的如睫毛，全是金色……

红萝卜是一个象征。具体暗示什么，作者自己都说不太清。但它无疑是个美好的象征，使人读后，感到即使在那黑暗贫穷的年代，人们也没有失去对生活的信心；特别是孩子，尽管受到不应有的煎熬，仍会自然地产生对美好事物的幻想与追求……

情节的淡化、结构的讲究、荒诞手法与象征手法的运用，都与内心情绪的渲染、主观感受的表达联系在一起。它表明我国中短篇小说家不再受情节设计、性格塑造等观念的束缚，大步跨进了表现内心为主的阶段。但是艺术发展无止境，所谓“第三阶段”绝不是小说发展的最后阶段，表现内心为主的方法更不是唯一可取的方法。随着社会和创作实践的前进，新的阶段、新的方法、新的超拔之美将会继续出现。一个有出息的艺术家，永远不应抱残守缺，故步自封。20世纪的世界画坛、乐坛上，有两名怪杰：毕加索和斯特拉文斯基。前者是立体派创始人，后者是现代派音乐大师，然而他们从不停留在一种既定风格上。毕氏一生画风屡经变化，读过他画集的人都很熟悉。斯氏早期受印象派和表现主义影响，中期转向新古典主义，提倡抽象化的“绝对音乐”，后期又杂用十二音体系、序列音乐和点描音乐等各种现代派手法。他们的尝试不一定每次都获成功、都受欢迎，但是那永远进取、永求创新的精神却足为后世楷模。

在锐意创新的同时，不必也不应贬损以往的高峰。聪明的艺术家，总是善于吸收前人的一切成果来充实自己。所以，《你别无选择》的作者好像并非无意地安插了这样两段情节：崇拜肖邦的戴齐听罢森森、孟野作品的演奏会后，曾一时冲动扔掉肖邦的谱子，但他最后创作的乐曲却既有肖邦般的优美与典雅又有典型的现代气质；而以现代风格的乐曲赢得国际比赛奖的森森，最后却陶醉在清新而健全的莫扎特作品中，仿佛置身于一个纯净的圣地。

尽管是虚构的故事，不也很值得我们深长思之吗？

（附）小说谈屑

从博物馆到古玩店
——谈博习

大约八百年前，我国宋代诗论家严羽，曾就创作与学问的关系，发过一段著名的议论：

> 夫诗有别材，非关书也；诗有别趣，非关理也。然非多读书，多穷理，则不能极其至。（《沧浪诗话》）

尽管这话在当时和后代遭到种种诘难，被指为是“瞽说以欺诳天下后生”（黄道周《漳浦集》），尽管严羽在表述上有这样那样的毛病，我还是赞赏他见解的辩证。

创作，确有“别材”、“别趣”。也许你能举出不少科学家熟谙文学、文学家精通科学的例子，诸如罗蒙诺索夫写得一手好诗，歌德会写植物学和颜色学的论文，等等；但毕竟更多的科学家并没有成为文学家，更多的文学家也没有变成科学家，因为创作与科研终究是两回事。对于创作来说，最重要的不是逻辑思维，而是形象思维。即使像严羽这样研究诗歌的专家，自己的诗也写得并不好。而当代出现的作家群中，有所谓“北大荒群”，显然不是从书斋中走出，而是从荒原和沃土中长出的。

那么，创作是否不需要学识了呢？当然不是。我们知道，创作的源泉来自生活，但任何作家个人生活的范围终归有限。如果他想表现更广阔的社会，必须通过学习，通过读书，来获取大量间接的知识，使自己成为一个博学的人。

近年来，我们在电视机前常常可以听到一种笑声，那是当播映的电视剧或电影露了破绽的时候。譬如，一副对联的上下联挂倒了；古代题材的作品中冒出了高压电线；唐代的宫室中挂着郑板桥的字画；清代官场只能称字，不能称名，而电影中出现了“世昌兄”、“端方大人”（邓世昌字正卿，端方字午桥）……

这种种情形，于小说中也不鲜见。翻开杂志，往往无须搜寻，便会发现令人吃惊的失误。记得不久前偶读一本大型刊物，其中有篇小说，写一位香港来客，向对方作自我介绍时，递出的不是名片，竟是“明信片”！夜晚，道声“Good night”原本不错，偏偏又在英文后面加个括弧，注上“明天见”！……

出现失误，有时是由于疏忽，而更主要的是由于一些作家还不够博学，在某些领域，还欠缺必要的常识。

一个严肃而博学的作家，应当写什么像什么，不但在一般常识上，而且在较专门的知识上，都要使内行人看了觉得如临其境，无限逼真。想当初莎士比亚的剧本，医生看了认为只有医生才能写出其中的某一幕，律师看了认为只有学过法律的人才能了解其中的法律术语。可见他对笔触所及的生活是多么熟悉。

小说史上，最广博的作家莫过于巴尔扎克。一部《人间喜剧》，塑造的人物不是几个，几十个，而是二千四百七十二个；反映的不是某一地区、某一阶层、某一行业的生活，而是19世纪上半叶法国社会的全史。浏览一下《人间喜剧》的总目是很有意思的。作家把所写的生活分为“风俗研究”、“哲学研究”、“分析研究”三大类。其中“风俗研究”又分为六大场景：一、私人生活场景；二、外省生活场景；三、巴黎生活场景；四、政治生活场景；五、军事生活场景；六、乡村生活场景。每个场景都由若干部小说组成。从银行、工厂、商店、庄园、戏院、报馆、教堂、公寓、沙龙、闺室直到战场、监狱、贫民窟……举凡当时社会生活中存在的一切，他笔下几乎无一遗漏。难怪恩格斯说他从《人间喜剧》学到的东西，“比从当时所有职业的历史学家、经济学家和统计学家那里学到的全部东西还要多”了。(《致哈克纳斯》)

他写得真不真呢？真。随便举个例子：《邦斯舅舅》。这是巴尔扎克的后期作品。主人公是“上流社会”的穷亲戚，一个小剧院的乐队指挥。其人有两大癖好：饕餮；爱玩古董。这样，作家仅仅在写这个人物时，就起码涉及三方面的知识：音乐知识，烹饪知识，古董知识。仅以古董知识为例，当他写到邦斯的藏画时，顺便对赛白斯蒂安作了一番评价——

> 在绘画史上，赛白斯蒂安是集三大画派的精萃于一身的人。他原来是佛尼市画家，到罗马去在米开琅琪罗的指导之下学拉斐尔的风格。米开琅琪罗有心训练自己的大弟子，用拉斐尔的方法去攻倒拉斐尔。因此，赛白斯蒂安虽

是懒散的天才，但在为数有限而相传稿本出于米开琅琪罗手笔的画上，的确把佛尼市派的色彩，佛罗伦萨派的布局，与拉斐尔的风格熔于一炉……

如果巴尔扎克平生只写过一部《邦斯舅舅》或虽有多部作品而题材大同小异，那么，他对赛白斯蒂安或任何其他画家作出一段评价，都无足为奇。可现在他是以整个法国社会为舞台，来演出近一百部《人间喜剧》，却能对所涉及的各门知识都头头是道地议论一通，这就谈何容易了。据说，他在一本小说中还曾指出：人体中大概有某种有力量的、科学尚未知道的液体在起着作用。几十年后，科学家果然在人体中发现了几种制造这种液体的腺——“荷尔蒙”，并且创立了重要的“内分泌”学说。（见高尔基《谈谈我怎样学习写作》）这件事当然带有偶然性，但可以肯定的是，巴尔扎克如果没有一定的自然科学知识，不可能产生这种想象。

作家应有知识，有学问，这已经毋庸置疑。但其知识和学问的掌握与应用，却与学者迥别。一切科学，都是对社会现象或自然现象分门别类地进行研究，因之经济学家不一定要懂得植物学，数学家也不一定要懂得军事学。而文学要认识和反映的却是作为“社会关系的总和”的人的生活，它不能把兴趣集中在某一门学科上，而要把整个社会作为自己的观察对象。它的特点不是专和精，而是博和杂。我们仍以《邦斯舅舅》为例。你看，作者在津津乐道名画、古玩的艺术价值的同时，总是不忘对古董的市场价格议论一番。他通过邦斯舅舅的嘴告诉我们：“你们等着瞧吧，我收藏了二十年的法郎肯塔尔瓷器，再过五年，巴黎的价钱一定要比赛佛软坯高过两倍。”“华多替德累斯顿官窑画的餐具，现在价值连城。”“一对大尺寸的真正康熙、乾隆的花瓶，值到六千、七千、一万法郎，现代仿古的只值两百!”同样，作者在大谈音乐的时候，也从来不忘对小剧院经理的剥削手段描述一番。就通过这种描述，他的腿由博物馆的橱窗移到古玩店的货架前，由音乐王国步入经济王国，审美的眼光与商业的眼光交汇在一起，一切知识都带上了活生生现实生活的气息。也正因为如此，他没有成为古董学家和音乐学家，而成为现实主义文学的卓越大师。

我国当代作家中，姚雪垠是学究气颇浓的一个。仅仅几年之中，我亲眼看他换了三次卡片箱，抽屉越换越多。任何人，见到那用工整小字抄录的数万张卡片，怕都不能不对这“笨”功夫生出由衷的敬意。虽然如此，姚雪垠与历史学家还是很不相同。他的《李自成》第一卷，一开头写清兵入关，北京城戒严。可是戒严布告应由哪个衙门来出呢?他茫然了，去请教明史专家吴晗。吴晗想了半天，笑道:“我也不知道。”后来创作第二卷和第三卷，姚雪垠又曾向南明史专家谢国桢教授多次请教，但多数问题谢教授也答不上来。这些例子丝毫也不说明小说家比史学家“高明”，只是又一次告诉我们，科学与文学研究的对象、搜罗的知识是很不相同的。如果我们去问一位史学家:明末北京城内的河南馆子是何风味?他一定会愕然。但当我们读完《李自成》中老神仙北京访金星一章后，都感到自己仿佛也上了一次河南馆子，见到了那个总是“笑眯眯”的堂倌。作为史学家，研究的是某一时代的政治、经济、军事、文化等状况，他无须知道戒严布告应由哪个衙门出，无须熟悉烹饪学，更无须关心各种馆子的地方特色。而作为历史小说家，则对小说所要反映的某一时代某一地区的制度、风俗、人情、口语、方言乃至生活习惯等等都要进行仔细的考察。往往为史学家所忽略过去的、没有加以思考和重视的小事和细节，对于小说家说来却是珍贵的素材。姚雪垠不知道戒严布告应由哪个衙门出，小说中便只好避开这个问题。后来他终于查到，戒严布告应由左都御史出，这时第一卷已经出版多年了。

小说家与学者，不仅在知识的掌握上不同，而且应用起来也不同。小说终究是小说，它所提供的知识不论多么丰富，都必须融化在艺术形象里，让人自然而然地接受过去，而决不能游离于形象之外，勉强地硬塞给读者。《邦斯舅舅》介绍了不少鉴赏古董的知识，由于古董癖是构成主人公性格的有机部分，因此我们读来饶有兴味。相反，李汝珍的《镜花缘》，虽然介绍了不少语言学和其他方面的专门知识，但因与人物、情节缺乏有机联系，读来就味同嚼蜡。不仅介绍知识如此，即便是吟诗作赋一类雅事，小说中也不能滥用。《红楼梦》中的诗词，紧扣人物心理，随时烘托气氛，读来令人神爽。而魏秀仁的《花月痕》，篇幅不长，诗词特多，“文饰既繁，情致转晦”（鲁迅《中国小说史略》），读来就难免蛇足之感了。

写到这里，我不由想起近年来某些创作中存在的另一倾向，就是卖弄知识。普希金的一句诗，你引了，我又引。贝多芬的《命运交响曲》，特别是那命运的“敲门声”，更是不知被多少小说提到过……这正像有篇文章指出的：“风雅何其多！”它给人的感觉，不是小说中的人物具有这些知识，也不是小说的情节需要涉及这些知识，而是小说的作者想让人知道，他拥有这么多知识！其实，这正是无知的表现。因为一个真正博学的作家，必然懂得文学的规律。

“电流”断了之后
——谈精思（上）

“思如泉涌，笔不停挥”，——一般读者，看见这两个词语连在一起，一定觉得非常自然；然而作家们见了，怕有半数以上会苦笑着摇头。

对于“思如泉涌”，人们并无异议。因为“思”，无非指想象，指情感。一个人处在创作状态中时，总是想象异常活跃，情感异常丰富，“观山则情满于山，观海则意溢于海”。(《文心雕龙》)这是形象思维的基本特征。

可是，“思如泉涌”不等于“笔不停挥”。把想象和情感化为优美的文字，有人也许轻易，有人却颇艰辛。对某些人来说，是举步可越的浅沟；对另一些人来说，可能意味着攀登一条崎岖高峻的山道。有位作家曾笑着向我诉苦：“记者写我的访问记，总说我如何‘奋笔疾书’。我是一个字一个字苦熬出来的，何曾有‘奋笔疾书’的时候！”

记者是否不懂创作规律呢？非也。“奋笔疾书”者，古今中外皆有；只是，各人情况不同，不能一概而论。拿辉映唐代诗坛的两位巨人来说，李白“敏捷诗千首”，“斗酒诗百篇”，显然属于“疾书”型。杜甫就吃力多了。他追求的是“语不惊人死不休”，常常需要“新诗改罢自长吟”，难怪李白见他瘦了，叹道：“借问别来太瘦生，总为平生作诗苦！”

鲜明的对照，也表现在画家身上。相传李思训和吴道子在大同殿的两壁绘制嘉陵江山水，前者费了数月之功，方始完成，后者一天便画成了。这个传说的真实性很可疑。[1] 但有一点是无疑的：绘

画也有快、慢之分。

对于诗和画来说，快慢不能决定作品的高低。前人尊李白为“诗仙”，杜甫为“诗圣”，“仙”与“圣”形成双峰并峙的奇观，风格迥异，却并无轩轾可分。传说中吴道子和李思训画的嘉陵江山水，前人的评价也是“并皆佳妙”。然而，倘若将此问题移入小说领域，则我以为，有成就的小说家，只怕十之七八属于“慢”型，或曰“艰辛”型。尤其是创作中、长篇，很难想象能如李白、吴道子般的一挥而就。诗歌重在抒情，绘画不妨写意。一个天资敏捷的诗人、画家，当其“情满于山”、“意溢于海”时，即兴挥洒，便成佳作。而小说，虽不排斥抒情写意，这情意却必须融化到形象中，通过性格的成长、情节的开展来表现。这里既有对结构的“宏观”的设计，也有对细节的“微观”的描绘。天资聪颖的人，也许能不假思索地很快写出一个精彩的片段，但要完成一部真正深刻、伟大的作品，则非任何速写所能奏效。中外文学史上当然有不少写长篇写得很神速的人。如法国的大仲马，写作之快，世所著称，但不论《基度山伯爵》，还是《三个火枪手》，都有明显粗制的痕迹，其在文学史上的地位，就不能与雨果、巴尔扎克等大师相比。我国的李涵秋、张恨水，也有同时连载几部小说的本领，但不论《广陵潮》，还是《啼笑姻缘》，亦绝非上乘之作。20年代的上海报纸上，登过一幅幽默画，把李涵秋画成一个留声机的模样。摇柄一摇，滔滔不绝的小说文字就从喇叭形的口中直喷出来。但我可以断言，这里喷出的东西，必定水分居多；蜜和酒是不能这样制造的。

巴尔扎克早年，为了谋生，也当过“文章快手”，他可不好意思署上真名。自从他以“巴尔扎克”的名字发表作品后，即便在囊空如洗、债主登门的情况下，也坚决拒绝粗制滥造。勃兰兑斯曾把巴尔扎克与他的友人戈蒂叶加以比较。他说，戈蒂叶是天生的文体家，无须准备，用不着修修改改，就能在印刷所的书桌上信笔写出一篇风格优美的作品。巴尔扎克没有这种本事。他对生活的观察远比戈蒂叶深刻，联想远比戈蒂叶丰富。他看一个人不是像前者那样看到他的某一人生片段，而是纵览他的整个生涯；构思的不是一幅单独的图画，而是一个像生活本身一样丰富一样错综的世界。可惜，他没有能耐把他的观察和联想顺利地写下来，给读者一个清晰的印象，原因是——

> 在这位作家的头脑里，诗的幻觉器官和诗的修辞器官之间的电流出了毛病，有时甚至完全切断了。(《法国的浪漫派》)

“电流”的畅通与切断，涉及先天后天的种种因素，是一个复杂的科学问题。对文学家来说，重要的不是去研究“电流”何以被切断，而是要考虑“电流”断了之后怎么办？

一般说来，“艰辛”型的作家对“轻易”型的作家总是很羡慕，很钦佩。杜甫对李白就极崇拜，巴尔扎克对年轻的戈蒂叶也非常惊羡。如果他们只是停留在崇拜和惊羡上，或者只是梦想着通过什么途径去获得对方那种奇才，那么，他们多半将一事无成，世界文学史上也就少了一位伟大的现实主义诗人和一位伟大的现实主义小说家。所幸的是，他们没有停于崇美和耽于梦想。他们另外开辟一条道路，一条艰辛的、迂回的、费时费力的道路，攀上了文学的高峰。这条道路，借用中国诗论中的话说，就叫做苦吟，或称为精思。

通过苦吟、精思重新接通“电流”的诗人和作家，古往今来，很多很多。尽管如杜甫和巴尔扎克那样攀登绝顶的是极少数，但多数人既然走过了一段崎岖艰辛的路程，总能在不同高度不同领域取得一定的成就。

观察一下这类作家的劳动是很有意思也很受启发的。

他们的一个共同特征是精神极为专注。相传隋代的薛道衡，喜欢躺在榻上构思，那时周围必须绝对安静，因为他听到一点人声就要发怒。与他习惯相近的是北宋的陈师道。有两句诗专写他与秦观的区别:“闭门觅句陈无己，对客挥毫秦少游。”秦观究竟如何“对客挥毫”，我不太清楚，想来是十分快捷。至于陈师道的“闭门觅句”，则是有记载的。据说他创作时容不得半点干扰，家中婴儿要寄放到邻家，连鸡、犬都要赶出门去!可见其精神是多么集中了。也有一些作家，创作时喜欢有某种声音“伴奏”。《金蔷薇》中记叙过不少这类趣事。如费定写作《不平凡的夏天》时，正住在海滨，听惯了海的喧嚣。一天夜里，海忽然沉默了，费定的文思也因此中断。又如法国诗人贝朗瑞和苏联作家爱伦堡都能在嘈杂的咖啡馆里写作……这些事都不奇怪，并不是他们有什么闹中取静的特殊本领，而是因为习惯成自然。恰如火车单调的“轰隆”声可以催人入睡，与己无关的涛声、人声也有助于这些作家进入更专注、更“孤独”的状态。

说“孤独”，其实不甚确切。因为创作中的作家虽然暂时“离开”了尘世，却正同他笔下的人物一起生活在一个虚构的世界里。这世界是那般真实，那般吸引他，甚至你拉他都拉不出来，他反而把你拉进去!巴尔扎克便是一个典型。一次，茹尔·桑道正在谈自己生病的妹妹，巴尔扎克心不在焉地听了一会儿，忽然说:“这一切都很不错，我的朋友；可是现在回到现实来吧——咱们来谈谈欧也妮·葛朗台吧!”仿佛桑道谈的是小说，欧也妮倒是现实中的人!这样的神魂颠倒，在巴尔扎克是寻常事。他总是一本正经地告诉朋友们《人间喜剧》中某个人物的近况，就像确有其人一样。直到弥留之际，他口里呼喊的医生竟是子虚乌有的皮安训！有一次，他深信自己已在巴黎郊外发现了一个埋藏宝物的地方。他是那样言之凿凿，以致两位作家——桑道、戈蒂叶也信以为真，拿着铲子偷偷跑出巴黎前往挖掘，结果自然一无所获……听过这些故事，我们对文体不佳、"电流"不通的巴尔扎克何以能成为一代文豪也就不会太感惊讶了。

这类作家的另一共同特征，是他们的作品从构思到完成都有一个反复推敲的缓慢过程。最突出的大约是我国诗歌史上那些"两句三年得，一吟双泪流"（贾岛），"吟安一个字，捻断数茎须"（卢延让）的苦吟派诗人。他们的苦吟也许太过分，但精益求精的精神还是令人感动的。小说领域，则正如前面所谈，凡属成功的长篇，无不经过精雕细刻。正面的例子如《红楼梦》，作者曾"披阅十载，增删五次"。反面的例子如俄国的陀斯妥耶夫斯基。他本属"精细"型作家，私心很想把自己的每篇作品在身边多留些时候，好好地修改、充实，可是债务逼得他不得不很快把稿子拿出去。多少思想、形象、细节都白白地放过去了。他悲哀地说："想的远比写的好。"这确是一个悲剧。

精雕细刻，一般有两种类型：一类人习惯在脑子里构思，或者躺在榻上（如薛道衡），或者在户外走来走去（如苏联作家盖达尔）。因为所有的推敲、琢磨，都在脑子里完成了，写下来后便基本是定稿。清代戏曲理论家李渔曾把这种写作方式称为"袖手于前，疾书于后"。与"文章快手"不同的是，这些作家在下笔之前已经经历了一个极为认真的创作过程。

另一类人则习惯于"疾书于前，推敲于后"。巴尔扎克属于这种

类型。他写初稿很快，写完后拿去排印，然后取回清样，在四周空白处大加增删，改得面目全非，又拿去排印，再取回清样，再修改……直至八次、十次。稿酬有一半都跑到印刷商的口袋里去了，而他从不后悔。这种写作方式，后来被海明威形象地加以总结，简而言之，就叫“站着写，坐着改”。海明威是否真的站着写作，无从考证。但他曾经坐着修改，则是不容怀疑的。仅从那洗炼的文笔，已可窥知作家背后付出的心血和苦功。

[1] 据《唐书》本传记载，李思训卒于开元六年。而画大同殿壁的故事据传发生在天宝中，其时李已去世二三十年，所以这个传说至少在时间上是错误的。

从“稍微”处开始
——谈精思（下）

人们读《登徒子好色赋》，读到宋玉形容东邻美女的那段话——“增之一分则太长，减之一分则太短，著粉则太白，施朱则太赤”，往往会忍俊不禁，心想到底是诗人的舌头，说得多么玄乎！世上何来这般绝对标准的美人？

然而，如果抛开“美人”不谈，将此番议论移入艺术创作的领域，则我以为，文中强调的不可“增之一分”、不可“减之一分”，简直是道出了苦吟的真谛，精思的灵魂！

上文中，我曾谈到巴尔扎克的反复修改，薛道衡的卧榻吟思，种种故事。但不论各个作家、艺术家具体的创作习惯多么不同，有一点是相同的：他们都在追求、捕捉、把握那不可增减的“一分”。这“一分”，可能是一个字，一处细节；也可能是一根线条，一个音符。

我们先来看看绘画。

东晋大画家顾恺之，有次为相貌堂堂的裴楷画像，开始也觉平平，后来在颊上添了三根毫毛，顿觉“神气殊胜”。

后蜀画家黄筌，在蜀主那里看到吴道子的《钟馗捉鬼图》。图中钟馗用食指去掐鬼目，他觉得神气还不足，于是另画一幅，让钟馗用拇指去掐鬼目，整个人物的精神都集中在拇指上，看去顿觉神完气足。

西班牙大画家戈雅，有次为一位贵妇人画像，面部表情惟妙惟肖，只是不能把她内在的轻浮气质恰如其分地表现出来。经过反复思索，画家在贵妇人的服装上加了一些发光的笔触。整个画面顿时改观，轻浮的气质豁然出现。

俄国画家勃留洛夫，有次替一个学生改画，仅仅动了几笔，就使一幅毫无生气的作品一下子变活了。学生感到惊奇：“看！稍微动了几笔，一切都变了。”勃留洛夫回答：“艺术就是从‘稍微’开始的地方开始的。”

就这样，三根毫毛，一个指头，一些笔触，决定了绘画的成败！而勃留洛夫回答学生的那句话显然十分精警，以至几十年后还引起一位大文豪的感慨和共鸣，就“稍微”二字发了一大通议论。这位大文豪便是列夫·托尔斯泰。他引用勃留洛夫的话，并且加以发挥——

一切艺术都是这样：只要稍微明亮一点，稍微暗淡一

点，稍微高一点，低一点，偏右一点，偏左一点（在绘画中）；只要音调稍微减弱一点或加强一点，或者稍微提早一点，稍微延迟一点（在戏剧艺术中）；只要稍微说得不够一点，稍微说得过分一点，稍微夸大一点（在诗中），那就没有感染力了。只有当艺术家找到了构成艺术作品的无限小的因素时，他才可能感染别人，而且感染的程度也要看在何等程度上找到这些因素而定。（《什么是艺术？》）

托尔斯泰没有谈小说，这当然绝不意味着小说可以例外。作为小说家的托尔斯泰，可能是在别的地方对小说的“稍微”之处已经谈得太多，不想重复了。只须看看他对其他作家、作品的批评，了解一下他的创作过程，特别是再读读他的作品，就会知道他对细微之处是多么重视。

他读了高尔基的《二十六个和一个》，立刻指出：“炉子可不是您那么砌的。”后者虽在面包坊干过活，也不能不佩服老人的精细：“看来，烤甜面包的炉子里的火光不可能像我小说中写的那样照亮炉前的工人。”（《谈谈我是怎样学习写作的》）

他读彼切尔斯基的小说，发现里面一个庄稼汉，砍掉一株两百年的橡树，只不过为了做一副车辕或车轴，于是嘲笑道：“不知道他从哪里找到了这样的大傻瓜？我觉得领教够了，不再读它。”（戈里顿维伊则尔：《在托尔斯泰身旁》）

他读其他一些优秀作家的作品，也往往一眼就能发现细节上的失误。譬如复活节那天不可能有满月，柯罗连科却说：“当响起晨祷钟声的时候，一轮明月照耀得如同白昼一般。”又如乌斯宾斯基在某篇小说中写道：“他跟内兄和夫兄一道行走。”这些，都没有逃过托尔斯泰的眼睛。

是不是他专爱在别人的作品中吹毛求疵呢？不，因为他对自己更为认真和严格。他与巴尔扎克不同。尽管两人都爱精思，都有反复修改的习惯，但巴尔扎克的屁股后面经常跟着债主，托尔斯泰却过着优裕的生活。这就使他有更充裕的时间来对作品精雕细刻。从整体看，《人间喜剧》是座巍峨的大厦；拆开来，其中没有一部能够达到托尔斯泰的艺术水准。

翻翻托尔斯泰1852年的日记是颇有意思的。那年他二十四岁，正在写自传体的《童年》。看得出他的情绪异常波动，一时觉得小说的某一部写得拖沓，草率，缺少思想，缺乏生活，简直没有优点；一时又被某一章感动得哭起来，觉得确实有些美妙的地方。他写了一遍又一遍，还说："《童年》在我看来并非完全要不得，如果有耐心再写它四遍，甚至会产生一个好东西。"

这种不惮修改的脾性实际上贯穿于托尔斯泰的整个创作生涯。据有人统计：《童年》有四种稿本；《战争与和平》的个别章节有七种稿本；《安娜·卡列尼娜》的个别章节有十二种稿本；《复活》的开头部分有二十种稿本。他在一封信中还曾告诉对方："主要的是，不要急于写作，不要讨厌修改，而要把同一篇东西改写十遍、二十遍。"

托尔斯泰改写作品，无疑会如他自己所说，去寻找构成完美艺术的无限小的因素。这当然包括"面包坊的炉子"、"复活节的月亮"一类问题，然而不是主要的。因为他觉得像前面谈到的柯罗连科、乌斯宾斯基那种失误并没有什么了不起。要紧的是，别犯"心理上的错误"。"当小说中的人物做了那种按照他们精神气质不可能做的事情的时候，那就非常可怕了。"（《在托尔斯泰身旁》）所以，也可以认为，托尔斯泰的精思，托尔斯泰对于小说的“稍微”之处的推敲，最主要的乃表现在人物性格、人物心理的把握上。读过他的《童年》，便会知道，他对孩子心理的描写是多么深刻细腻。

当然，心理描写，并不一定要从作者的角度，去对人物的思想活动作繁冗的介绍，那是一种枯燥乏味的不讨好的写法。托尔斯泰聪明得多。他的手法巧妙而丰富，往往抓住一个眼神，或眼神与言行之间的一点矛盾，就把人物的真实感情披露出来。譬如——

> 他吻了一下她的手，称她为“您”——索妮亚。但是他们的眼光碰在一起，却互相称“你”，并且交换着热情的吻。

这是《战争与和平》中，罗斯托夫休假回家，与索妮亚会面的场景。真是写得妙不可言：仅仅抓住一个眼神中露出的“你”字，就把一对青年的恋爱心理活画了出来。

> “那末为了我的缘故这样做吧，别再对我说那种话，让我们做好朋友吧”，她口头上这样说，但是她的眼睛却说出了全然不同的话。

这是《安娜·卡列尼娜》中的一个场景，也是通过眼神与言语的对比，写出了女主人公的真实感情。

有时，作者好像没有接触人物心理，压根在谈别的事情，谈人物对另一个人或另一件事的感受，但读者还是立刻窥见了他（或她）的内心。譬如，当安娜在莫斯科认识渥伦斯基后，回到彼得堡，在火车站见到前来迎接她的卡列宁——

> “哎哟！我的天哪！他的耳朵怎么变成那个样子了？”她想，同时望着他那冷淡的、威风凛凛的神采，特别是现在使她感到惊异的那双撑住他的圆帽边沿的耳朵……

是丈夫的耳朵真变形了吗？当然不是。即便耳朵奇丑，也是从来如此，只不过她先前未曾注意罢了。所以，作者写的是她对卡列宁耳朵的反感，读者见到的是她对渥伦斯基的爱情。

我特别叹服的是《战争与和平》中尼古拉把输钱的事告诉父亲时那整段描写。作者对父子俩的刻画都极有分寸，使你不能不相信那正是他们当时所能有的唯一的表现！尼古拉深知父亲手头拮据，对于输钱的事内心非常惭愧，把自己看作无赖，曾经想到自杀。可是，当他向父亲开口时，却故意用一种轻松、不在意的腔调说话。他显然预备受到拒绝。不料老伯爵焦急之余，连一句责怪的话也没有。尼古拉终于忍不住了，哭着扑向父亲，求他饶恕。这多么符合一个青年的性格啊！

写得更好的是父亲。他是一个脾气极好而在经济上每况愈下的伯爵。当他刚听说儿子“需要一些钱”时，一点也没在意，甚至说：“我对你说过那不够的。”直到听说儿子输了四万三千块时，他才忽然发急，像老年人中风一般通红着脖子叫起来。接着，他“伸着两臂无可奈何地倒在沙发上”，“开始忙乱地找什么东西”。作者没有正面去写他的心理，仅仅通过一些外部细节，就写出了他为钱着急又不愿责怪儿子的心情。而这正是老伯爵的性格，不可“增之一分”，不可“减之一分”！

也许是托尔斯泰探索、描写人物心理的艺术过于精湛了吧，契诃夫曾经感叹：“他呀，他居然能写出安娜自己在怎样感觉，怎样看，她的眼睛怎样在黑地里发亮！认真说，我怕他！”高尔基则认为托尔斯泰不但能窥测人心的隐秘，而且能了解大自然的奥秘。他在一篇文章中干脆呼他为“老巫师”。的确，当一个伟大的作家，抓住了构成小说的“无限小的因素”，把握了人物的“稍微”之处时，是真像有那么一点“巫术”的。

若非华羽　曷别凤凰
——谈振采

作为语言艺术的文学，总要讲究文采。正如我们观画，除了画面展示的形象、意境之外，那线条、色彩、构图本身就让人领略到特殊的韵律、异样的美；读文学作品，除了它所描述的事件、抒发的感情之外，语言本身也会使我们如饮醇醪，余香满口。

诗歌、散文自不必说。离开铿锵的音调、优美的文辞，何来诗与散文的上乘之作？便是小说，也不能忽视语言的锤炼和推敲。记得张抗抗的《夏》发表时，《北方文学》展开过讨论。论者对小说的主题、人物、真实性等等聚讼纷纭，唯独对于作品的语言，特别是有关松花江夜色的描绘，几乎是众口一词地称赞。那文字的确很美：

星星出来了，一颗、两颗、三颗……它不是从天幕上露出来，而是从大江里跳上来的。于是夜晚的松花江，像一条嵌花的闪光的银链，静静地垂挂在这一片浩瀚的沙滩裸露的胸前……

文学史上不乏这样的例子：一篇文章，一首诗，作为整体，早已被人遗忘；内中若干文句、诗句，却始终脍炙人口。譬如丘迟的《与陈伯之书》，义正情真，不愧为骈文书信的杰作，但最为人熟知、传诵的还是描写江南景色的那几句："暮春三月，江南草长，杂花生树，群莺乱飞。"又如钱起的《闻湘灵鼓瑟》，如今能背诵全诗的人恐怕不多了，但提起"曲终人不见，江上数峰青"，几乎无人不晓。同样，《夏》这类小说，随着时间的流逝，内容的新鲜感会很快消失，然而它对松花江的描绘，却可能长久保存在部分读者的记忆里。

当然，小说与诗歌、散文毕竟不同。小说不能靠描写风景过日子。一部真正成功的小说，应该有一个或多个人物形象活在读者心中，有一处或多处情节令人难以忘怀。小说的文采、小说的语言之美也主要应从人物的刻画、情节的铺叙中呈现出来。一个称职的小说家，写景抒情，绝不游离于人物情节之外。尤其是中短篇，写景更须惜墨如金。我读乔雪竹的《郝依拉宝格达山的传说》，很赞赏她由景色带出人物的技巧：

能使草原开凌化冻、积雪消融的春风绝不是柔媚的，它雄劲、浩荡而凛冽。

仿佛这春风要给自己找一个化身，远远地，一个穿军便服的人，从团部向郝依拉宝格达走来。

这里的转换快捷而自然。人们刚刚注目风景，转瞬间风景已化为一个人站在你的面前。它不像诗和散文的笔调，却正是小说应有的文采。

小说的语言不外两种：叙述语言与人物语言。有些作品长于叙述短于对话，有些作品长于对话短于叙述，而真正成功的作品应当在叙述与对话两方面都呈现出斐然的文采。拿老舍的《骆驼祥子》来说，叙述与对话都采用经过锤炼的北京口语，写出了富有地方色彩的生活和具有鲜明性格的人物。譬如写祥子的蜕化，从他得了花柳病后“打着哈哈似的泄露给大家”，一直写到他如何汗“能少出一滴便少出一滴”，如何斤斤计较车钱，不肯吃亏，都极生动、传神。这一方面，是因为作者抓住了典型细节：穿洋服的先生怕脏衣裳，争车钱时祥子就故意去对方袖子上抓一把，“印个大黑手印”；一条狗跟着咬，他也要停下车来，“倒攥着布掸子，拼命地追着狗打”，等等。另一方面，则因为作者的叙述，描写，以及随时发出的议论，都富于文采。他写祥子的吊儿郎当，就说“有时候也把半截烟放在耳朵上夹着，不为那个地方方便，而专为耍个飘儿”。他写祥子终于变得同别的车夫一样，就说“老鸦是一边黑的，他不希望独自成为白毛儿的”。他写祥子报复刘四爷之后的高兴劲，就说：“好吧，随你老头子有成堆的洋钱，与天大的脾气，你治不服这个一天现混两个饱的穷光蛋！”这些，都是老舍独特的叙述语言。它简洁、朴素，却又机智、生动，充满活力。

《骆驼祥子》的人物对话，也是既符合性格特征，又充满生活气息，富于地方色彩。即便是次要人物，说的差不多的事情，也是各有各的口吻。譬如高妈和方太太曾分别劝祥子放利钱和存折子。高妈说的是：“告诉你，祥子，搁在兜儿里，一个子永远是一个子！放出去呢，钱就会下钱！没错儿，咱们的眼睛是干什么的？瞧准了再放手钱，不能放秃尾巴鹰……”方太太说的是：“……俗言说得好，常将有日思无日，莫到无时盼有时；年轻轻的，不乘着年轻力壮剩下几个，一年三百六十天不能天天是晴天大日头……”两人都谈钱，都是妇女的口吻，但性格并不相同。前者泼辣、爽快、能干；后者委婉，显得较有文化。两番话都说得精彩。它是家常话，又不是生活中家常话的照搬和直录，而是经过艺术加工的家常话。

在某些作品中，特别是中国古典小说中，叙述语言和人物语言常常紧密交错，难分难舍。它的文采也是从整段情节中闪现出来。《三国演义》中便常可读到这类文字。譬如：曹操与袁绍官渡之战。曹军精锐，但粮草不济。正在这时，袁帐下谋士许攸前来投奔。那整段文字，叙述与对话交错在一起，从曹操“不及穿履，跣足出迎，遥见许攸，抚掌欢笑，携手共入，操先拜于地”的表演，到两人关于粮草的对话，活画出了曹操的“奸雄”性格。看：

> ……攸曰：“公今军粮尚有几何？”操曰：“可支一年。”攸笑曰：“恐未必。”操曰：“有半年耳。”攸拂袖而起，趋步出帐曰：“吾以诚相投，而公见欺如是，岂吾所望哉！”操挽留曰：“子远勿嗔，尚容实诉：军中粮实可支三月耳。”攸笑曰：“世人皆言孟德奸雄，今果然也。”操亦笑曰：“岂不闻‘兵不厌诈’！”遂附耳低言曰：“军中止有此月之粮。”攸大声曰：“休瞒我！粮已尽矣！”……

上述对话中，曹操关于军粮的数字越说越少，这就带来一种传神的情趣，一种情节的跌宕，而作品的文采正从这情趣和跌宕中滋生出来。

文采，并无固定的标准可言。文采是构成文字风格的重要因素之一。风格可以千姿百态，文采也可百态千姿。不过，文采的产生仍有规律可寻。清人袁枚的《续诗品》中，有一篇题为《振采》，几句话说得很好：

……匪沐何洁！非熏何香！西施蓬发，终竟不臧。若非华羽，曷别凤皇！

的确，蓬头垢面，怎么知道你是西施？没有美丽的羽毛，何能识别你是凤凰？没有文采，又怎能显出你是语言艺术的精品？文采是美的重要标志。文采由何而来呢？关键在于“沐”和“熏”。

“沐”，是通向洁净的道路。借用修辞学的术语，似应属于消极修辞的范畴。一篇小说，语言拖泥带水，甚至文句不通，是不可能产生文采的。作为小说家的第一步，就是要学会像鲁迅那样，将作品中可有可无的字、词、句删去。这好似沐浴，将一切多余的污物涤去了，美丽的人体才呈现出来。试看上引的那些例子，有哪一段不是干干净净、光光洁洁的呢？

“熏”，是指描写和修饰的技巧。借用修辞学的术语，似可归入积极修辞的范畴。古代没有现在这么多化妆品，芬芳之气是靠香熏出来的。一部小说，要文采四射，芳香四溢，也需要“熏”。“熏”的手法太多太多。这里且以前举的作品为例：《夏》中对于松花江夜景的描绘为什么很美？因为作者富于想象。她不是站在江边凝望，而是想象自己升在高空，从苍茫的天际俯视下界，于是缀满星辰的江流才宛如闪光的银链，垂挂在大地母亲宽阔的胸前。当然，她还用了比兴的手法，拟人的手法，但这些手法都离不开想象。小说的文采常常借助想象的翅膀焕发出来。

与想象紧密相连的另一因素是语言的形象性。小说通过形象反映生活。小说家的想象始终贯穿着形象。离开了形象，便没有小说的文采可言。想象的特征有时可以不很明显，形象的特征却时时不可或缺。老舍形容祥子的变化，说他“就是那么个车夫样的车夫”，本来也可以。现在加一句“老鸦是一边黑的，他不希望独自成为白毛儿的”，形象顿时更加鲜明，文采也顿时更加辉煌起来。小说中高妈劝祥子放利钱，本来也可说些枯燥的道理，现在她偏说“放出去呢，钱就会下钱”，仿佛钱像母鸡一样，是个活的东西。这就有了形象性，同时也有了文采。当然，这里有个前提，就是语言必须符合高妈的身份和个性。

初学写作的人，往往喜欢堆砌辞藻，以为这就是文采，其实大误特误。最好的文采，最佳的“熏”法，应当是像薛宝钗吞服冷香丸一般，让香气透过自身的肌肤散发出来。《骆驼祥子》中，作者所下的正是这种“内功”，文采与整部小说已经融为一体，看不出施朱抹粉的痕迹。《三国演义》中，曹操与许攸见面那一节，也是这样，语言十分朴素，然而至为传神，它的文采已经化入人物的言行中去了。我们读这类作品，首先是被它的人物、情节所吸引；回过头来品味语言，也觉得恰到好处，无懈可击。如果不从形象着眼，只知搜寻美丽的辞藻来装点门面，其效果往往适得其反。好像一个丑人，涂了太多的脂粉，未能引起丝毫美感，反而显得越发丑陋了。

天才的姐妹
——谈简洁

一谈简洁，便想起契诃夫。

在契诃夫看来，作家的才气与作品的简洁是携手出现的，才气带来简洁，简洁反映才气。他有一句名言：简洁是天才的姐妹。

简洁，或曰洗炼，并非契诃夫独特的主张。许多人都说过类似的话，但同样的话，从不同的嘴中说出，深浅高低自不相同。契诃夫，几乎是以毕生的创作实践探求着一个难题的解决：如何以俭省的笔墨、有限的篇幅反映尽量深广的生活。他达到这种程度：不但自己作品中没有一句多余的话，而且看他人作品也总是一眼辨出臃肿之处。高尔基岂是不懂简洁之人？然而他的小说拿到契诃夫面前，马上被发现形容词太多。后者指出：

“您的作品里有那么多的形容字眼，弄得读者的注意力难以辨别，反而使得他疲劳。如果我写‘一个人坐在草地上’，这就容易懂，因为它清清楚楚，不妨碍注意力。要是我写：‘一个高高的、窄胸脯的、身量中等的、留着棕色胡子的人坐在绿色的、已经被行人践踏过的草地上，一声不响地、心虚地、战战兢兢地往四下里看’，那就相反，这段话变得不好懂，使脑筋感到吃力。”

契诃夫举的例子不知是否经过夸张，但那道理无可置辩。它使我想起韩非子说过的“买椟还珠”的故事。一颗明珠，不加装饰，我们立即能观赏到它的晶莹和光洁。配上一个缀满珠玉、玫瑰、羽翠的匣子，反而掩盖了原有的光泽。所以从美学角度看，这寓言也很有意义，它道出了审美感受的一大特性，即感受的直接性。

道理如此明白，但要达到简洁，却又谈何容易。简洁的要谛，不在简短，而在洁净。短句子谁不会造？短小说谁不会写？但短而无味，等于不短。洁净则不同。它是意匠经营后达到的一种境界，不断提炼后产生的一种美。它是高度浓缩的果汁，所以滋味醇厚。它的确反映出作家的才气和独创性。试看契诃夫的语言，难道仅仅是简短？不，他的语言纯净而凝炼。里面汰除的不仅是多余的词句，而且是所有的陈词滥调，并代之以新鲜的、传神的、独特的、准确的字眼。他描写闪电和雷声，就说：

> 左边天空好像有人在划洋火：一道苍白的、磷光样的细带闪了一闪，就灭了。人们可以听见一股声浪，仿佛远处有人在一个铁皮房顶上走着。

他描写雨声，就说：

> 雨点和篷布好像互相了解似的，开始急速而快活地谈起天来，嘁嘁喳喳跟两只喜鹊一样。

契诃夫很少写景。《草原》是他唯一用大量笔墨来描写风景的作品。但读了上引的两段文字，我们毫不觉得拖沓，反而感受到一种异样的美，就因为里面没有蛇足，没有俗腔，没有采用人所熟知的比喻；只有一股才气洋溢在字里行间……

当然，才气离不开勤奋。契诃夫爱记笔记，惯于将脑中闪现的新奇的文句记录下来。人们在他的本子中读到过这类句子：“土地很肥沃，要是种下一根车辕，就能长出一部马车来。”真是见所未见，

何等新鲜!了解到作者下的这番工夫，我们对《草原》中的描写也就不会过于吃惊了。

小说通过塑造人物反映生活。小说的简洁自然也表现在人物刻画上。契诃夫早年的小说，常常只写两三个人物，其中又以一个为中心，对准生活中的某一镜头，将人物性格突出地、略带夸张地表现出来。《一个官员的死》、《胖子和瘦子》、《变色龙》、《普里希别叶夫中士》等便是这类作品中的名篇，它们的主人公已成为文学史上的著名典型。不过，在这批以每年一百几十篇的速度创作的小说中，毕竟有相当一部分写得粗糙。对于我们来说，更具启迪意义的还是他后来以较慢速度创作的作品。它们篇幅虽长，却不失其简洁洗炼之致。

在这类小说中，早年那种夸张的、喜剧的色彩减弱了，悲剧的成分加重，这是作者阅世渐深的标志。而在人物刻画上，契诃夫仍然喜欢寥寥几笔就勾勒出一个独特的性格，手法则比早年更见娴熟，更善于捕捉鲜明的典型的细节。仍以《草原》为例。这个中篇没有中心人物，但每个出场的人物，即便只是露一下脸，随便说几句话，都能给我们留下深刻的印象。譬如驿站长的犹太女人，除了“长长地叹一口气”和说一句“你现在没有妈妈，没有人给你点心吃了”之外，再没有多的话，然而整个内心已经呈现在我们面前。又如车夫简尼斯卡，他的地位、年龄、性格和细微的心理活动是通过一顿简易的午餐表现出来的。主人们开始吃东西了。他“极力装得完全没理会主人们正在吃的黄瓜、馅饼、鸡蛋，一心一意地扑打那些粘满马背和马肚子的马虻和马蝇……”后来，主人唤他去吃东西了，他才“忸怩地走到毯子跟前，拿了五根俗话叫做‘黄棒’的又粗又黄的黄瓜（他不好意思拿细一点、新鲜一点的），拿了两个颜色发黑、裂了口的煮鸡蛋，然后犹犹疑疑仿佛担心自己伸出去的手会挨打似的，拿手指头碰了碰甜馅饼……”直到主人催他，他才坚决地拿了馅饼，走到远一点的地方坐下，“马上传来了极响的咀嚼声，连马也回转头去怀疑地瞧了瞧简尼斯卡。”这里整段描写不足一页纸，然而作者紧紧抓住了细节，抓住了对象最具心理特征的动作，甚至连马的反应也没有放过，于是一个青年车夫的形象便宛然如在目前了。

简洁之美，须经努力才能达到，但努力最好不露痕迹，让读者于不知不觉中步入美的境界，这才称得上高手。契诃夫的短篇《姚尼奇》，写一个名叫姚尼奇的医生，刚到C省城时是个生气勃勃的青年，终因周围环境过于庸俗，数年之后他也变成了俗物。小说笔墨很经济，但其手法却不易为一般读者所觉察。

譬如，小说的前半部分是有对话和景物描写的，后来便渐渐省略了。这是因为，主人公刚出场时，年轻，热情。他要谈恋爱，要同周围的人争论，作品自然要写对话。他心中充满柔情，对宁静、美丽的墓园月夜有着诗意的感受，作品自然要写写风景。后来，他除了清点钞票之外，对一切都失去了兴致，不再与人探讨问题，接触到姑娘含情脉脉的眼光，只是觉得不安，想着“幸亏那时候我没娶她”，也不可能再去领略任何优美的风景，于是对话和景物描写便从作品中悄悄地消失了。这种把笔墨的俭省与人物性格的变化结合起来，使作品于无形中达到简洁的手法，正是契诃夫独创的技巧。

又如，重复通常是简洁的大忌；而在契诃夫手里，重复也成为通向简洁的桥梁，这就更不易为人察知了。《姚尼奇》中，三次写到库尔金家的聚会，写到库尔金的俏皮话、夫人的朗诵、女儿的弹琴、听差巴瓦的表演。文字一次比一次简略，内容却是重复的，没有丝

毫改变。改变了的只是人的年龄。当巴瓦第一次喊“苦命的女人，死吧”时，只有十四岁；再次表演时已是一个留上髭的青年。就在这简单的重复的场景中，读者看透了C省城内“顶有修养，顶有才气”的人家的无聊和庸俗。

本文原想一般地谈谈简洁，无意中成了专谈契诃夫，其实，在他之前和之后，不少小说家都刻意追求过简洁之美，取得过卓异的成就。我国小说家，从蒲松龄到鲁迅，在走向简洁之途中便表现了独特的才气。而国外，以行文简洁著称者应首推美国的海明威。他创造的电报式的短句令人耳目一新。然而他的追求还不限于此。他说:“我从塞尚的绘画中得到启示，纵然写出简单而贴切的句子，仍不能完全反映出我对写作的原来意图。后来终于发现，必须有意识地大量删节，这样才能强化故事，才能使读者的感受胜于理解。”他有一个两千字左右的短篇，题为《桥边的老人》，描写西班牙内战中一个疲惫不堪的老人流离失所的境遇和心情。作品既没有交代老人的身世和家庭，也没有交代他未来的命运，所写的只有两件事：一、老人一直木然地坐在桥边；二、老人惦念家中的两只山羊、一只猫和四对鸽子。显然，作品经过“有意识地大量删节”，而读者则强烈地感受到了战争仓皇的气氛和战乱给人民带来的苦难。在海明威文风洗炼的作品里，我们又一次看到了天才的闪光。

生活是立体的
——谈场面（上）

场面，是不同的性格在一定时间一定场合相遭逢而形成的生活画面。一个一个场面相连缀，便构成小说的情节。

现代心理小说，忽略情节，自然也忽略场面。这类小说别有追求，拟另写专文论及。

古代和现代的故事性小说，以故事代替情节，重点不在塑造性格，自然也不重视场面描写。譬如武侠小说，有个几乎不变的程式，就是强中更有强中手。出场的人物，“神镖李四胜过铁臂张三，……水上英雄打倒神镖李四，空中大侠又降服水上英雄……”（郑逸梅《武侠小说的通病》）它就靠这层出不穷的新的“高手”抓住读者。它也有“场面”，但呈现的无非是一种神奇的武艺，内中看不到性格的交锋、形象的闪光，缺乏生活的气息，因而不能算是真正的场面。这类小说，一旦故事说完，吸引力也就消失。它的“场面”引不起回味和思索，也很少有人乐于再看第二遍。

《三国演义》和《水浒传》，也有大量的武打，但因重在写人，其场面描写就远非武侠小说所能比拟。譬如关羽，虽曾多次走上战场，但小说着力刻画的并非他的武艺，而是他的“神威”和“重义”的性格。温酒斩华雄，正面的战斗完全略去，突出的是他的“神威”。长沙战黄忠，两人武艺不相上下，突出的是彼此的“重义”。又如鲁智深，本领自是了得，但在拳打镇关西、大闹野猪林等场面中，留给我们更深印象的不是高强的武艺，而是嫉恶如仇、惯打抱不平的英雄性格。

《三国演义》和《水浒传》的场面描写，也不是完美无缺。倘以“生活画面”的要求来衡量，它还不够真实。最明显的是战争场面。写两军对阵，总不外鼓声响处，各方跑出一员将领，大战五十回合之类。两边的士兵都成了旁观者。这样的描写不符合战争实际，因为战争是群体行为，士兵是战争的主体，将对将的情形极少发生。所以后来姚雪垠创作《李自成》时，就此写了两句诗:“阵前苦斗貔貅将，旗下旁观草木兵。”

其所以出现这种情况，主要是受口头文学的影响。“三国”、“水浒”的故事都是在民间流传了很久，才由文人加工定型。而说话人“一张口难说两家话”，群体行为不易说，说了也不醒目、不讨好，不如只说两个人的对打。经验所传，直到前几年刘兰芳说《岳飞传》，仍然采用此法。其实不仅写战争，就是写一般场面，说话人也喜欢把线条弄得单纯而清晰。《三国演义》中的“诸葛亮舌战群儒”是脍炙人口的场面，那写法同样是战罢一个，再战一个。尽管唇枪舌剑，读之令人神往，但就整体感而言，仍嫌不足。当一对一进行舌战时，看不到在场人的反应，感觉不到周围的气氛。

第一个打破这种写法的，是曹雪芹。《红楼梦》中的场面，无一不是生活画面。生活是立体的，生活画面也应给人以逼真的空间感。如果同一场面中有五个人存在，作家应当一一点到，即便只有两个人在对话，另外三人也必有反应。将所有人的反应都写出来，画面就真正活了。这写法很险，但曹雪芹履险如夷。翻开《红楼梦》任何一回，映入眼帘的都是立体的，因而也是整体的场面。

譬如刘姥姥一进荣国府，来到凤姐处，目的不过打秋风而已，但作者写来绝非两人间简单的一问一答。其间时而平儿来回话，时而贾蓉又来借玻璃炕屏，使人鲜明地感觉到凤姐生活的特殊环境。

而且不论谁同谁说话，时时都可看到在场人的反应。请看这一段：

> ……凤姐忙和刘姥姥摆手道："不必说了。"一面便问："你蓉大爷在哪里呢？"只听一路靴子响，进来了一个十七八岁的少年，面目清秀，身段苗条，美服华冠，轻裘宝带。刘姥姥此时坐不是，站不是，藏没处藏，躲没处躲。凤姐笑道："你只管坐着罢，这是我侄儿。"刘姥姥才扭扭捏捏的在炕沿儿上侧身坐下。
>
> ……
>
> 这凤姐忽然想起一件事来，便向窗外叫："蓉儿回来。"外面几个人接声说："请蓉大爷回来呢。"贾蓉忙回来，满脸笑容的瞅着凤姐，听何指示。那凤姐只管慢慢吃茶，出了半日神，忽然把脸一红，笑道："罢了，你先去罢。晚饭后你来再说罢。这会子有人，我也没精神了。"贾蓉答应个是，抿着嘴儿一笑，方慢慢退去。

把贾蓉的出场，安插在刘姥姥打秋风的过程中，本身就见出一种匠心。它可以透过刘姥姥的眼睛去看贾蓉，比作者直接的描写更具效果。它让贾蓉在凤姐房中出现，一开始就透露了侄婶间的暧昧关系。而整个场面，又绝非凤姐、贾蓉的单独谈话，时时都可感觉到刘姥姥和丫鬟、小厮的在场。这同"舌战群儒"的写法就判然而别了。

再看下一段——

> 这刘姥姥方安顿了，便说道："我今日带了你侄儿，不

> 为别的，因他爹娘连吃的没有，天气又冷，只得带了你侄儿奔了你老来。”说着，又推板儿道：“你爹在家里怎么教你的？打发咱们来作煞事的？只顾吃果子！”凤姐早已明白了，听他不会说话，因笑道：“不必说了，我知道了。”因问周瑞家的道：“这姥姥不知用了早饭没有呢？”刘姥姥忙道：“一早就往这里赶咧，那里还有吃饭的工夫咧？”……

这里，轮到刘姥姥正式向凤姐开口了，话说一半，突然扯出板儿。这在她是觉得有些话难以启齿；从小说场面说，则使人分明看到了板儿的在场（尽管他一句话也没有说）。接着，凤姐问刘姥姥用过饭没有，却不直接问对方，而去问周瑞家的，这又使人分明感到了周瑞家的在场，周瑞家的未及回答，刘姥姥又接过话头先答起来，说明她真饿了……

这类描写在《红楼梦》中可说比比皆是。特别是大观园的聚会中，人数常在十个以上，七嘴八舌远远超过上述凤姐房中的情景，但作者写来从不忙乱，总是自然平易地就将一个立体画面勾勒出来。评论家们都爱举第四十回中众人大笑的例子，认为那么多人一齐笑，却笑得各个不同，足见作者的功力。这当然很对。但我以为更重要的是，作者写出了一个立体的场面——没有遗漏任何人。尽管，在场的李纨、宝钗，似乎未见有何反应，迎春身上被探春泼了一碗茶，也似乎没有反应，但这并非作者疏忽，恰恰说明他统观了整个场面，发现有几个人没有随着众人大笑。一个是寡妇身份，不敢在长辈面前失态；一个素有端庄稳重之称，不愿在长辈面前过于忘形；另一个则一向迟钝，连针戳下去都不知哎哟一声的，何况一碗茶乎？

又如第四十二回，众人在稻香村议论惜春画画的事，作者写来也是有主有次，所有的人都有表现。宝钗是唱主角的。她报了一大堆需用的画器。当报到“生姜二两，酱半斤”时，黛玉开玩笑地接口:“铁锅一口，铁铲一个!”接着，对话似应在钗黛之间进行。谁知宝钗作了一番解释后，黛玉却拉着探春悄悄地说:“你瞧瞧，画个画儿，又要起这些水缸箱子来。想必糊涂了，把他的嫁妆单子也写上了。”探春听了，笑个不住，却又不回答黛玉，转向宝钗说道:“宝姐姐，你还不拧他的嘴?你问问他编派你的话!”就这样，两人间的平行关系不知不觉地成了三人间的交叉关系。

《红楼梦》的这种写法，标志着小说技巧达到了一个新的高峰，场面描写至此可说是真正成熟了。这之后，再碰到《三国演义》式的场面，读者会觉得陈旧、单调，仿佛总有个说话人的影子在那里晃动，感觉不到生活的真实气氛。即便仍有魅力，也是一种古老的魅力。而但凡采用《红楼梦》式写法的，那场面就使人感到新鲜、多彩，与生活一样生机勃勃。辛亥革命后盛行一时的鸳鸯蝴蝶派小说，其所以艺术价值不高，原因之一就是写法太陈旧，呈现的场面缺乏整体感。而茅盾的《子夜》，不管作者本人是否意识到，那场面描写的手法与《红楼梦》是很相似的。譬如吴老太爷患脑溢血后，人们都在客厅里等候消息。这时张素素忽然双手一拍，跑到林佩珊身边——

“佩珊!我想老太爷一定是不中用了!我见过—”

那边两位男客都惊跳起来，睁大了询问的眼睛，走到张素素旁边了。

“你怎么知道一定不中用了?”

林佩珊迟疑地问，站了起来。

“我怎么知道？嗳—因为我看见过人是怎样死的呀！”

几个男女仆人此时已经围绕在这两对青年男女的周围了，听得张素素那么样说，忍不住都笑出声来……

静候的场面本来极不易写。张素素尽管活泼好动，她的话也只能对着林佩珊一个人说，不能大声喧哗，然而因为气氛安静，所有的人都听到了，两位男客和仆人们都围了过来，于是作者一下子让我们看到了整个大厅的场景。接着，作品又通过张素素教训李玉亭，引起范博文和林佩珊的私语，从而展现了两对青年之间的关系。描写的手法则始终是交错的。

直到今天，我们看一部小说，凡是场面描写生动的，大抵不离《红楼梦》的这一手法。原因很简单：生活是立体的。

性格在这里交锋
——谈场面（下）

场面是性格的用武之地。

不同的性格聚在一起，碰撞，交锋，发出电火般的闪光——这便是成功的场面描写。

小说总要表现矛盾。当矛盾激化、矛盾双方发生正面冲突时，性格的交锋往往特别明显，呈现的场面也容易精彩。譬如《红楼梦》中的抄检大观园。矛盾从天而降，迫使被抄的一方各个将其性格的基本一面“亮”将出来。她们或胆小，或无畏，或柔顺，或不驯，或重义，或寡情，种种表现其实都是平时性格的延伸，然而又显得格外分明。这格外分明的性格因彼此不同而交相辉映，与前来抄检的人一碰撞，更击出耀眼的火花，于是整个场面顿觉异彩纷呈。以探春而论，她是姐妹中最精明最好强的一个。那“才自清明志自高”的性格在日常生活中原已有所表现，但还比较含蓄；临到抄检，才突将其全部的精明、泼辣、远忧、近虑……一起喷发出来。这性格与惜春的胆小、糊涂、寡情形成鲜明对照，更与王善保家的相碰撞而光华四射。探春的出场遂成为整个精彩场面中最精彩的一段。

中短篇小说随着篇幅的缩小，场面也相应减少。它不能像长篇那样完整无缺地写出矛盾孕育、产生的全过程，而常常需要一下子推出高潮。特别是短篇，除了那些有意淡化情节、追求散文韵致的作品外，大都喜欢在冲突中塑造性格，展现场面。譬如鲁迅的《风波》，总共五千余字，大场面只有一个。作者便将所有的人物都“驱赶”上场，让他们围绕着辫子问题，恐吓，埋怨，争吵，辩驳。一个个性格活跳新鲜地直蹦出来，场面也立刻“活”了。

近些年我国中篇小说空前繁荣，不少作者也喜欢将矛盾冲突与性格交锋糅合在一起。魏继新的《燕儿窝之夜》，以油库女工与特大洪水的搏斗为题材，重点却在写人，写人与人之间的是非纠葛，写小是非小纠葛如何在维护国家财产的大考验前雪融冰释，写互怀成见的个人如何迅速团结为一个坚强的集体。由于作者善于在矛盾纠葛中塑造性格，其场面描写是相当生动的。梁晓声的《今夜有暴风雪》，气势比《燕儿窝之夜》悲壮，手法却略有相似之处：同样以自然界的宏伟现象为背景，同样把故事集中在一夜之间，同样爱在冲突中刻画性格。小说有一个大冲突：兵团知青要求返城，团长马崇汉阴谋阻止。这冲突尖锐地反映在当晚召开的干部会上，也激烈、广泛地反映在会外。

请看会上的这些对话——

“我认为……目前……对于我是一个考验关头……我赞同团长……不，赞同团党委……”

“不，不是团党委的决定。团党委没有作出过这样的决定。”

“你刚才的发言很好嘛，态度很明确嘛，你就算代表工程连党支部第一个表态了！”

“郑指导员只能代表她自己，不能代表我们工程连党支部。”

“这么说，你，是反对的啰？如果是这个意思，也算一种表态嘛！”

“是的，我反对。”

对话分别属于四个人：郑亚茹、孙国泰、马崇汉、曹铁强。虽因篇幅所限，原文没有引全，但读过小说的人，不难辨出哪句话出自哪张嘴巴，也不难透过表面的语气看出说话人一贯的个性和此时此际的心情。譬如郑的虚伪和犹疑、马的狡诈和骄横……都历历在目。由于对话的针锋相对与性格的激烈交锋融为一体，这样的场面是极具感染力的。当我们听到孙、曹那简短有力、掷地有声的话语时，精神能不为之一振吗？

通过冲突表现性格是一种好方法，但小说不能通篇安排冲突。尤其是长篇，矛盾应当既有激化、冲突之日，也有缓解、隐伏之时，这样才能形成一张一弛的节奏，不致让人过度紧张、疲劳。要写好“弛”，同样要在性格的交锋上下工夫。一则因为无性格交锋的场面极其乏味；二则也是为以后的“张”做好准备。《红楼梦》中像“抄检大观园”一类场面不多，大量呈现的是日常生活的场景。只是场景中随时随处都有性格的对比和映衬，不仅令人百读不厌，而且也为以后“抄检”一类的冲突场面作了铺垫。这就叫做从平淡中见功力。

事实上，是否善于从日常生活中把握性格，正是衡量作家艺术水平的一个标志。惊险小说、武侠小说的作者，一般都没有驾驭这类场面的能力。即便是鼎鼎大名的大仲马，他的《基度山伯爵》和《三个火枪手》，写复仇、决斗、潜逃、追捕等惊险场面，绘声绘色；一写日常生活，写谈情说爱，便露败笔，人物好像突然变得虚假了。所以他终究不能跻入伟大作家之林。而托尔斯泰的伟大特色之一，便是对性格的把握特别准确。翻开《安娜·卡列尼娜》的任何一页，都可看到鲜明的性格交锋。譬如，在吉提去看安娜的那个晚上，两人的谈话虽然是家常的、友好的，没有任何冲突，但是，我们却分明看到两种不同性格的对比。一个是天真的少女，一个是成熟的妇人。无论谈舞会，谈服装，谈童年的结束和青春的开始，区分都是一样清楚。不仅如此，我们还明显地预感到了一种危机。特别是渥伦斯基夜晚来访，在两人心中都激起了波澜——

安娜朝下面一望，立刻认出来渥伦斯基，一种快乐和恐怖交并的奇异的感情使她的心微微一动。

> 吉提涨红了脸。她以为只有她才知道他是为什么来这里，他又为什么不肯进来的。“他到了我家里，”她想，“没有找到我，猜想我一定在这里，但是他却又不肯进来，因为他觉得太晚了，而且安娜又在。”

这里，两人的反应都带有各自鲜明的性格色彩。同时，也就为行将揭开的舞会上的一幕埋下了伏笔。

有时，场面本身既无冲突，也不为以后的冲突作铺垫，甚至出场人物也很次要，但托尔斯泰写来，同样富于性格的对比和交锋。像吉提因失恋而生病后，家里请来一位年轻的名医与家庭医生举行会诊。两位医生在小说中的地位无足轻重，连姓名也没有。但作者并没有让这一场面成为无谓的“过场”，而是在进一步塑造吉提及其父母性格的同时，着意描绘出两位医生的不同性格。名医其实是个庸医。作者通过他要检查病人的裸体、不断地看自己的大金表和提出用苏打水治疗等一系列细节，将他的好色、无能和装腔作势刻画得入木三分。与之形成性格对照的是家庭医生。他在名医面前显得恭敬而畏怯，实际上却对病因有着真正的了解。这一对照是如此鲜明，以致整节文字、整个场面虽然只是为了交代一下吉提出国的因由，却同样给我们留下了生动难忘的印象。

既然场面描写的优劣决定于能否写好人物性格的交锋，那么，一般说来，出场的人物愈多，描写也就愈难。这里涉及多种性格的显示，要准确地把握和表现真是谈何容易。只需翻翻那些大部头长篇名著，如雨果的《悲惨世界》、高尔斯华绥的《福尔赛世家》、罗曼·罗兰的《约翰·克利斯朵夫》，等等，就会发现，他们笔下的场面，通常不超过五六个人。这固然出于情节的需要，同时也反映了作者的谨慎。写一个大场面，而人物并不能个个呼之欲出，倒不如藏拙为好。

在这个领域，能够应付裕如的似乎还是曹雪芹和托尔斯泰。《红楼梦》中，动辄十几个人出场，作者指挥若定，毫无忙乱吃力之感。譬如“寿怡红群芳开夜宴”，字数不多，一圈酒令行下来，所有的人物都已神态毕现，而且自然而然地就形成性格的映衬。湘云掣签时，“揎拳掳袖”，兴致勃勃，心中倒未必有一定的祝祷；而黛玉取签很随便，心里却默默地想道:“不知还有什么好的被我掣着方好。”这正是她们平素性格的表现，在此便又一次形成对比。不仅如此，由于在座的还有李纨、宝钗、探春、香菱，还有宝玉和怡红院的众丫头，因此性格与性格之间并非两人之间的简单对比，而是纵横交错，仿佛处处都发生碰撞，发出闪光。记得巴尔扎克在《高老头》中写过伏盖公寓的进餐，登场人物约七八个，那在他就算是难得的大场面了，当然也很精彩，尤其是伏脱冷的形象活灵活现。但就整体而言，性格的碰撞还不够多样，作者的议论也稍嫌多，比之《红楼梦》，便觉远不如了。

至于托尔斯泰笔下的大场面，主要表现在《战争与和平》中。一般作家，既视大场面为畏途，安排人物出场，便尽量把时间和地点错开，以便集中笔墨写好一个，再写一个。《战争与和平》，却一开始就让许多人聚在女官安娜·芭芙洛芙娜的客厅里，书中一半以上的重要人物全部出场。这是一个惊人的手笔，而作者写来极有层次。我们看到，客人先是分成三个小圈子。第一个圈子，男客较多，中心是神甫；第二个圈子，年轻人多，中心是美人爱仑和美貌的公爵夫人；第三个圈子，中心是子爵和女主人。后来，经过女主人的灵活调度，三个圈子又合并为一。描写各个圈子的人物时，作者着

墨不多，往往一个细节就把性格突现出来。譬如写爱仑听子爵讲故事，“在故事动人的时候，她回头看安娜·芭芙洛芙娜，并且立刻露出女官脸上那样的表情，然后又带着鲜明的笑容，觉得安心了。”只一句话，就把这个美人的“聪明”和愚蠢都披露无遗。由于作品对每个在场者都有点睛般的描写，而他们的性格又是那样各个不同，形成交锋，整个场面的既统一又多彩就不言而喻了。

《战争与和平》中的大场面，不止开头这一幕，后来写舞会，写打猎，写战场，写军事会议，都不乏大场面的精彩描绘。记得作者形容芭芙洛芙娜家的晚会时，说过这么一句话：“各方面的纺锤不快不慢地、不停地响着。”其实，在大场面的运筹调度中，老托尔斯泰自身不正是一位高明的纺织匠吗？

《习文小辑》后记

《习文小辑》是由我的三本小书组成的专辑。

文学历来可分为叙事和抒情两大类，最具叙事性特征的文体是小说，最具抒情性特征的文体是诗歌。《小说 24 美》、《学诗 26 讲》分别记录了我在这两个领域的一次漫步。

文学又与心理活动密不可分，在作家是创作心理，在作品是形象心理，在读者是接受心理。《人心 28 论》以谈形象心理为主，记录了我在这个领域的一次跋涉。

无论漫步还是跋涉，对爱好者而言，其实都是愉快的学习行程。文学的景致永远都是那样绚丽而幽深，犹如一片葱茏蓊郁的森林。

《小说24美》旨在探讨小说的审美形态，构架则受到古典文论的启迪。1981 年秋，当我准备为《青年文学》承担“小说之美”专栏时，首先想到的是司空图的《二十四诗品》。我希望借助传统的民族的形式，写成一种现代“小说品”。它将从古今中外的小说实际出发，归纳出十几二十种小说美的表现形态。它的语言也当力求生动活泼而带有较多的形象性。

“小说之美”连载数年，发表的次序有点散乱，出书时重新编排，大体可归为四类：第一类侧重于整体风格的赏析；第二类化整体为局部，分别从性格、语言、气氛、细节、结构等方面进行探讨；第三类侧重于技巧的品评；第四类侧重于现代派风格的介绍。

倘若以人作譬，那么第一类展示的仿佛是一个人的全貌，一种整体形象；第二类则是有关人的某一部分，如眉目、肤色、身段……的特写；第三类介绍衣着修饰、风度举止；第四类引出几个特别的人，他们或具奇形怪状，或穿奇装异服，或发奇谈怪论。他们能否为大家所接受和效法，尚有待时间证明。

专栏连载到将近三分之二时，美学家蒋孔阳教授阅读了已发表的各篇。他认为我对一般风格谈得较多，而对小说特性阐述不足。当时他的《序》已写好，上述意见便被作为"希望"在《序》的末段提了出来。蒋先生严肃而诚恳的学者风，使我受益，令我感动。在以后发表的各篇中，我有意识地加强了对小说特性的介绍。恰好这时《青春》也约我承担一个专栏，这就给了我机会，可以从更多的方面去探讨小说之美。该专栏的文章后来取名《小说谈屑》，作为附录收进了《小说24美》。

《学诗26讲》应当说是一本迟发的讲义。2003年，我受邀为武汉大学国学班开设诗词写作课。那时只备有一份简略的教学提纲，没有写成完整的讲义。现在虽已时过境迁，但担任了几届黄鹤楼诗词大赛的评委，看到诗词爱好者是那样众多，而真正入门者又很稀少，便觉得将自己的愚人一得整理出版，也许并非多余。

学诗如同一切作业，有个程序。我从老辈获闻的主张是：1.从模仿开始，先学写一句，再学写整首的诗；2.诗有各种体裁，学习的顺序应是先五古，次五律，次七律，次七古；绝句与排律则在学律诗的过程中一并练习。该书的篇目基本依照这一顺序，只是在诗之后增加词、散曲和楹联，还以两讲的篇幅分别介绍唱和、联句、诗钟及诗话与词话。全书谈诗的部分最多，谈词的内容较少，谈散曲和楹联更加简略。这是因为诗、词、曲、联具有共性，谈诗时已经述及的问题，后文无须再重复。

无论讲述何种诗体，都会涉及格律与技法。格律是老生常谈，但因为近体诗和词、曲均为格律诗，诗化的楹联也须遵守诗律，甚至古体诗也有一定的格律要求，所以学诗无法绕过这一课题。至于技法，包括遣词造句、谋篇布局乃至修辞等等，本无一定之规，作为写作教程，我所能做的，只是通过对前人成功之作的评介，从较易师法、借鉴的角度，为初学者提示一二入门途径。至于入门之后的独创一格，领异标新，那就有待读者诸君的各自努力了。

该书由北京大学中文系中国古代文学专业博士生王颖作序。当年我在珞珈山为国学班开课时，她是班长，也是学校诗社的重要成员。序言引起我对一段教学经历的美好回忆，文中的溢美之词则增添了我的愧怍之情。

从方便读者考虑，《学诗26讲》也有几件附录，分别为《诗韵节略》、《词谱简编》、《曲谱例览》和《时谚声律启蒙》。

《人心28论》起笔于20世纪90年代初，其时正值文艺心理学广为流行。我发现，研究者的兴趣大都集中于以作家为对象的创作心理，而对以作品人物为对象的形象心理和以读者为对象的接受心理则甚少问津；于是又想起鲁迅说过的话：除了特种学者，一般人读《红楼梦》，见到的只是贾宝玉，不会把个曹雪芹念念不忘地记在心里。——既然如此，为一般人着想，我何不对贾宝玉们的心理研究一番呢？

书稿亦曾连载于《青年文学》。为适应专栏形式，各篇采用简洁整齐的小标题，行文则力避枯燥艰涩，这样一共写了28论。前14论谈情绪，自然也谈及情感。后14论谈人格，包括气质和性格，同时介绍一些学派理论。在我看来，作家塑造形象，既要从整体上把握人物相对稳定的气质和性格，又要从变化的角度把握人物在特殊情境中的情绪和情感。有了这两条，也就获得了开启人物心灵的钥匙。

此书从内容设置到标题拟定，都曾得到北京大学心理学系孟昭兰教授的指点和匡正。她的序言科学地阐释了心理学与文学的密切关系。我与孟先生只有书信往来而从未谋面。令我意外的是，事隔十多年后，忽然接到她的电话，约我为她主编的《情绪心理学》撰写《情绪与艺术》一章。其时我正撰写《长江小说史略》。她的约稿逼我重温睽违已久的心理学，并全面思考情绪与艺术创作、艺术作品、艺术接受之间的关系。由于《人心28论》侧重阐述形象心理，现将《情绪与艺术》作为附录收入，则在创作心理和接受心理的探讨方面多少是个弥补。

《小说24美》、《人心28论》（原名《人心可测——小说人物心理探索》）曾蒙周谷城先生、姚雪垠先生赐题。为求体例统一，在《学诗26讲》文前，印上了瞿蜕园先生的墨迹。“解得风骚”四字摘自我所珍藏的蜕老诗稿，原句为：“解得风骚千古意，竟成兰菊一时芳。”“风骚”原指《国风》与《离骚》，后来成为《诗经》、《楚辞》乃至诗歌、辞赋的总代称。值此《习文小辑》问世，我想把“风骚”的含义再予延伸，延伸为整个文学的泛指，而“解得”二字不妨作为与读者的共勉。

“解得风骚”，说得多好！

2008年11月

（京）新登字083号

图书在版编目（CIP）数据

小说24美/俞汝捷著. —北京：中国青年出版社，2009

（习文小辑丛书）

ISBN 978-7-5006-8538-8

Ⅰ.小… Ⅱ.俞… Ⅲ.小说-创作方法 Ⅳ.I054

中国版本图书馆CIP数据核字（2008）第183496号

责任编辑>周　平　杜惠玲

版式绘制>陈　惠

封面设计>瞿中华

中国青年出版社 出版 发行

社址：北京东四12条21号

邮政编码：100708

网址：www.cyp.com.cn

编辑部电话（010）64079077

门市部电话（010）84039659

三河市君旺印装厂印刷

新华书店经销

700×1000　1/16　17.5印张

2009年7月北京第1版

2009年7月河北第1次印刷

1-5000册

定价：29.00元

本图书如有印装质量问题，请凭购书发票与质检部联系调换

联系电话：(010)84047104